Olga

Con mucho cariño
un pedazo de nuestra
historia
Eduardo Velas

NOSTALGIAS DE TINAJÓN

Escenas camagüeyanas de los años cincuenta

Eduardo F. Peláez Leyva

MIAMI

© Eduardo F. Peláez Leyva, 2017

Todos los derechos reservados. Esta publicación no puede ser reproducida, distribuida o transmitida en cualquier forma o por cualquier medio, incluyendo fotocopia, grabación u otros métodos electrónicos o mecánicos, sin la previa autorización por escrito del autor, excepto en el caso de citas breves en comentarios críticos y otros usos no comerciales permitidos por la ley de derechos de autor. Para las solicitudes de permiso, escriba al autor a la siguiente dirección electrónica: panchopel@aol.com

ISBN: 978-1974308187

Ilustración de la portada:
Carmen de Yurre Peláez

www.alexlib.com

Otra vez a mi esposa Carmen.
Sin su ayuda y estímulo
este libro nunca se hubiera publicado.

ÍNDICE

Prólogo del autor 9
De Camagüey
    La Plaza de las Mercedes 13
    El Parque Agramonte 17
    La Norma 21
    La esquina de Rancho Chico 25
    Gonzalo y el San Juan camagüeyano 29
    Las tertulias 33
    Instantáneas de la mente 37
    El capitán Navarro 43
    Chimenea 47
    Lino 51
    El primer día de clase 55
    La pluma de fuente 59
    La competencia 63
    Apariciones en la familia 67
    Mi abuela Yeya 71
    De murciélagos, mosquiteros, ranas y ratones 75
    La siesta del mediodía 79
    Aquellos domingos camagüeyanos 83
    Las orquestas de entonces 87
    Los cines de entonces 91
    Las peleas de entonces 95
    Cuando jugábamos softball 99
    Las reuniones sociales 103
    Los bailes y las invitaciones 107
    Velorios y entierros 111

Servicios a domicilio. 115
Sobre glorias y penas. 119
El "sí" de las niñas 123
Una tarde de verano .127
Encuestas, autógrafos, diarios
y clasificaciones amorosas 129
La culpa la tiene Bécquer 133
El cruce telefónico 137
Una declaración amorosa 141
Un fin de semana en San Jacinto 145
Los años perdidos 149
Nuestro equipo de baloncesto 153

Del exilio

Las primeras canciones del exilio. 163
Los primeros trabajos del exilio 167
Esos treintaiunos de diciembre. 171
Cerró Larios 175
Reunión de basquetbolistas camagüeyanos 179
¿Por qué sigo a los Marlins?. 181

Reflexiones

Tiempos modernos .189
La nostalgia de las nostalgias 193
¿Dónde está la patria? 197

Epílogo: Esa patria, ese himno 201

PRÓLOGO DEL AUTOR

En recuerdo de mi abuelo Armando Leyva Balaguer

La década de los cincuenta marcó el final de la república y el inicio de la revolución comunista en nuestra patria. Para mí, mis amigos y compañeros de escuela fue, en un principio, la época del bachillerato y de la primera novia. La política no nos mostró su rostro serio hasta que nos marchamos a la universidad y aparecieron los rebeldes en la Sierra Maestra. A partir de ese entonces todo cambió. Tuvimos que apresurarnos a hacernos hombres para encarar el futuro incierto que se avecinaba, preservando en la memoria los recuerdos felices.

Después de medio siglo es tiempo de volver a recorrer silenciosamente las calles, los colegios, los parques y clubes donde forjamos nuestras ilusiones y sufrimos los primeros desencantos. Con ese propósito fueron escritas estas crónicas provincianas, en su mayoría para la Revista El Camagüeyano Libre, en los inicios del milenio. Con el afán de preservarlas para nuestra intrahistoria de ciudad pequeña, las hemos editado en su totalidad de una manera formal.

Si lograra al menos arrancar una sonrisa o tan siquiera el esbozo de una lágrima en alguno de mis lectores, quedaría satisfecho.

DE CAMAGÜEY

Plaza de las Mercedes

LA PLAZA DE LAS MERCEDES

Carlos Nieves, un gran amigo de mi hermano, le contaba que en una ocasión probando fortuna como pelotero en los Estados Unidos no resistió más el frío, el idioma y las costumbres, y, desesperado, se fue al aeropuerto de La Guardia. Con esa gracia que lo caracterizaba, pidió que le vendieran un pasaje directo "Nueva York-Plaza de las Mercedes". Carlos lo había dicho todo en ese requerimiento tan especial. No era Cuba, no era ni siquiera Camagüey: era su plaza, el lugar donde se sentía mejor, donde hacía sus tertulias, donde desde de un banco en el pequeño parquecito, podía dominar las calles de Cisneros, Estrada Palma, Independencia, Popular y Padre Valencia, y tomarle el pulso al palpitar de la ciudad. La plaza de las Mercedes era el corazón de Camagüey y aunque competía elegantemente con su vecina, la plaza de la Soledad, con La Norma y la Esquina del Gallo, los camagüeyanos la distinguían con ese merecido galardón.

En las Mercedes veíamos levantarse majestuosamente la iglesia del mismo nombre con su convento, su Santo Sepulcro, y sus misteriosas catacumbas, desde donde quizás acechaba con mirada bondadosa o desafiante, algún monje solitario.

Recuerdo una tienda de ropa con el nombre de La Gran Señora, en cuya esquina nos parábamos a esperar la salida de las muchachas del Teresiano. La Sociedad de Santa Cecilia, más conocida por el nombre de La Popular, con su cine Guerrero y un campo de baloncesto inexplicablemente construido en la azotea del edificio, donde tuvieron que poner unas vallas de alambre para impedir que le cayera en la cabeza una pelota de baloncesto a algún transeúnte inocente o cometiera suicidio algún basquetbolista frustrado.

Un puesto de fritas ocupaba un lugar estratégico muy cerca de la iglesia. La frita camagüeyana era distinta a la habanera y más cercana al "emparedado de macho" de Oriente. La frita consistía en un lechón que freían con su pellejito ante la boca hecha agua del marchante y esto hacía que el olor impregnara hasta la última fibra de algodón de su camisa, y finalmente la servían, con cebolla picada, pepino y un aderezo sin nombre salido de una botella anónima, entre dos pequeños, calientes y deliciosos panes.

Este puesto de fritas competía con las medianoches del Bar Correo y sus batidos inacabables de chocolate que además de llenarte el vaso te dejaban beber lo que sobraba en la batidora.

Al lado estaba la oficina de correos. Confieso que para mí siempre fue un misterio ese lugar. Primeramente, yo no conocía a nadie que recibiera tantas cartas y tuviera necesidad de mantener un apartado postal y me explicara con lógica su uso, pero evidentemente entraba gente que yo no conocía y con una llavecita abría esos pequeños compartimientos. Los sellos se compraban en una vidriera y dos enanitos que les decían "Los Piragüitas" se encargaban de ensalivar los sobres y los sellos y de echar las cartas. Nunca supe entonces, como tampoco ahora, si eran empleados a sueldo fijo de la oficina de correos, si vivían de la propina, o simplemente no sabían qué otra cosa hacer con sus diminutas lenguas.

El tranvía *Libertad-Mártires*, las guaguas *Vigía-Granja*, *Vigía-Santa Cruz* y *Vigía-Agramonte* paraban en la plaza, los billeteros cantaban sus números de la lotería, el periodiquero pregonaba nuestro diario *El Camagüeyano* y los demás de la capital como el *Diario de la Marina*, *El País*, *El Mundo*, *Prensa Libre*, y tantos otros más.

Hace poco vi una fotografía reciente de nuestra plaza. Ahí está el correo sin los Piragüitas, y la pared manchada con una foto del argentino aventurero. La iglesia la pintaron con unos colores aburridos de crema y chocolate claro, tratando quizás de arrebatárnosla de la memoria. Ahí está la Sociedad de Santa Cecilia con su cine y la azotea basquetbolística de mi juventud, el parquecito con sus bancos donde algunos trasnochadores apostaban al "pare o none" de la chapa de la máquina que pasaba. En la fotografía se ve una especie de pintura surrealista de lo que llaman ahora "bicitaxi". También se ve una guagua de turismo sin nadie adentro. No se ven periodiqueros ni puestos de fritas. Las medianoches se perdieron en la noche larga de la desolación. Las muchachas del Teresiano ya no caminan por sus calles.

Hace un tiempo vi una película italiana llamada *Cinema Paradiso* donde el loco de un pequeño pueblo corría por toda la plaza gritando: "*La plaza es mía, la plaza es mía*". Es posible que también yo esté loco, porque al mirar la fotografía sentí un impulso irresistible de protestar gritando como él: "*La plaza es mía, la plaza es mía...*".

Parque Agramonte.

EL PARQUE AGRAMONTE

Vivía a una cuadra del Parque Agramonte. Siendo muy pequeño mis padres se mudaron para la calle Cisneros entre Luaces y Raúl Lamar. Recuerdo perfectamente que Olga, mi manejadora, me llevaba caminando al parque los domingos cuando había retreta, y me quedaba horas oyendo embelesado a la Banda Municipal que dirigía Joaquín Mendivel, novio de Marta la cocinera de la casa y prima de mi manejadora. Debo de ser muy viejo porque cierro los ojos y me veo paseando por el parque de la mano de Olga por el lado en que caminaban las mujeres y cruzándonos con los hombres que lo hacían en dirección opuesta.

Tan pronto prescindí de la manejadora, me aventuraba a ir solo al parque todas las tardes a jugar a los escondidos con el último "salva", a los *cogidos* con sus dos versiones: el *topatieso* y el *caimán de agua dulce*, y a los pasos gigantes y pasos enanos, donde la persona que cantaba los pasos lo hacía desde una de las pequeñas escalinatas de la estatua de Agramonte. Después vino la época de jugar pelota con una bola que construíamos con papel y tiras de cartón de las cajetillas de cigarros "El Cuño", "Competidora" y "Partagás". Jugábamos en una plataforma de cemento a un costado de la Catedral, donde tocaba los domingos la Banda Municipal. La primera y la segunda base eran las columnas de la iglesia, la tercera era un punto imaginario al borde de la plataforma y el *home plate* era el sitio desde donde le pegábamos a la bola con la mano, señalado mediante cualquier objeto que recogiéramos del suelo. También jugábamos al trompo, a las bolas (*el pegao, la cuarta* y *la olla*) y a las postalitas con sus dos alternativas: *el soplao* y *la fallunca*. Esta fue una época peligrosa para estos juegos porque los trompos, los bolones de acero y las postalitas eran codiciados por los muchachos de los barrios marginales y no había una semana que los juegos no terminaran en pelea.

Fuimos creciendo y aparecieron los patines "Unión Cinco" que venían acompañados con una llave que cuidábamos celosamente colgada del cuello para apretar las ruedas que se aflojaban continuamente. Hacíamos carreras y todo tipo de piruetas. Aprendimos a caernos de rodillas y nuestras madres se hicieron expertas en primeros auxilios y en coser parches a los pantalones.

En esa época surgieron los primeros enamoramientos y el parque, además de ser nuestro patio, se convirtió también en el sitio donde las chicas nos arrancaron otro tipo de lágrimas sin habernos caído de rodillas o habernos fajado con muchachos de otros barrios.

No solamente es el parque lo que recuerdo, sino también sus alrededores: "El Parque Bar" donde, desde una vidriera, Vicente Cal nos llamaba por nuestros nombres y nos despachaba diariamente con una sonrisa; la "Dulcería Roxi" con sus inigualables *coffee cakes,* la "Esquina del Cambio", el "Edificio Collado", la "Farmacia Tomeu" y el puesto de frutas en la esquina de Cisneros; el Liceo con sus venerables ancianos dándose balance, y unos zánganos que en época de San Juan les tiraban almagre a los ingenuos paseantes; la Liga de los Veteranos (vergüenza me da confesar que durante los carnavales, desde un camión de paseo, les cantábamos: "los viejos de La Liga tienen barriga"); una barbería donde me hicieron mi primer corte de pelo; "La Casa Cabana", donde compré mis primeros discos "Panart" de 78 revoluciones; la casa de los Robirosa, y la esquina de Cristo por donde doblaban todos los entierros al campaneo de la Catedral.

Más de treinta años transcurrieron y regresé a Camagüey por motivos familiares unos meses después de la visita del Papa Juan Pablo II. Llegué un sábado por la tarde, y al siguiente día, domingo, asistí a misa en la Catedral. El Padre Pepito Sarduí la oficiaba y en su homilía llamaba por sus nombres a varios feligreses recomendándoles ciertas labores de la parroquia. Todos nos dimos el abrazo de la paz y cuando salía con el alma estremecida de tanto afecto y bondad, me encontré con mis queridos amigos el Dr. Raúl del Pino, *Pinito* como le decíamos, ex preso político, y el Dr. Manolín Paisán, el médico que me diagnosticó y curó una alarmante leucopenia cuando terminaba el bachillerato, ambos hoy ya fallecidos. Nos abrazamos y nos sentamos en uno de los bancos a conversar sobre las viejas amistades, Miami, y el Camagüey que todos habíamos dejado atrás. Mi mirada recorría atentamente la calle Independencia donde ya no existía "El Roxi" ni "El Parque Bar"; ya no había "Esquina del Cambio"; en la calle Martí, el "Edificio Collado" mantenía su nombre casi ilegible en una pared sin pintura desafiando las innumerables lluvias, y solamente quedaba la sombra de la que fuera la "Farmacia Tomeu"; y en la calle Cisneros, el Liceo, ahora convertido en biblioteca; al lado, ya no existía barbería, ni Liga, ni "Casa Cabana" ni casa de los Robirosa, ni puesto de frutas en frente. En el parque nadie patinaba y nadie jugaba a la pelota con cartones de cigarros; sin embargo, todo era igual. Bastaba un solo banco, la estatua del Bayardo, la Catedral y un par de amigos para que el mundo hubiera girado vertiginosamente y me encontrara otra vez en mi pueblo, en mi parque, en mi hogar.

Iglesia de la Soledad y Cafetería La Norma

LA NORMA

¡Una, Pepe! Ese era el grito que retumbaba en las paredes de "La Norma", ese establecimiento situado en la Plaza de la Soledad que se cogía de las manos con la esquina del Gallo, el almacén "El Camino de Hierro", las oficinas de la compañía eléctrica, la "Óptica Sabatés" y la vetusta Iglesia de La Soledad. "¡Una, Pepe!" significaba que alguien había pedido una "reforzada" y parecía que el mesero no podía contener su alegría y en lugar de escribirlo y pasarle la nota a Pepe, el encargado de confeccionarla, lo anunciaba a pleno grito de júbilo, como para que toda la plaza se regocijara con la buena nueva.

Este local tenía un mostrador de unas diez banquetas donde nos sentábamos a saborear esta delicadeza mientras que en otro salón estaba Pepe al frente de su lonchera y una barra donde se vendía todo tipo de licor, desde una "Casalla", pasando por un "Agustín Blázquez" o un "Vat 69", hasta una "Cristal" bien fría. También tenía una vidriera donde se compraban billetes de la lotería, cigarros, tabaco, chicles "Adams", *sugar candy*, africanas, melcochas y demás chucherías.

Aunque ahora nos parezca increíble, toda esa diversidad de clientes funcionaba de una manera armónica. El bebedor ocasional compartía con el borracho, con el *pepillo* adolescente, con la señora un poco beata que salía de la iglesia, con el profesional y con el obrero. Todos iban a disfrutar de la variedad de productos que ofertaba este lugar.

La "reforzada" era un bocadito hecho de pan de molde sin tostar al cual se le ponía una croqueta aplastada y se "reforzaba" (de ahí viene el nombre) con una lasca de jamón y un pepinillo. Esta delicia culinaria junto con un *frozen* de chocolate constituía una merienda fabulosa por el absurdo precio de veinte centavos. Si añadimos que la entrada al "Cine Avellaneda", a sólo unos pasos de distancia, costaba la matinée unos diez centavos, tenemos que con sólo treinta centavos se podía experimentar toda una tarde esplendorosa que podía culminar con el broche de oro de un paseo por la Calle Maceo a saludar a los amigos y a piropear a las bellezas camagüeyanas.

Sí, amigo lector, eso existió hasta que se le ocurrió a alguien demoler ese lugar de esparcimiento con la idea de construir un *parqueo*. ¿En qué mente puede caber construir un estacionamiento de carros a expensas del milagro de las "reforzadas"? No me acuerdo exactamente cuándo ocurrió esta torpeza y le pido al lector acucioso que me ayude para esclarecer las dudas. [1] Me parece que cuando abandoné mi ciudad en la primavera del 62, ya habían perpetuado el crimen. Además, la hecatombe comenzaba, ya no había billeteros en la plaza, ya las gallinas habían invadido el billar de Diego *el Cojo* que quedaba a cinco pasos de "La Norma" y ya se había esfumado una guarapera en la misma cuadra, que funcionaba como una alternativa criolla al americanismo del "*frozen*".

La memoria a veces hace trampas, borra un edificio o cambia las calles. A lo mejor conviene pensar que todo fue un sueño como el que tuvo Segismundo, el héroe de Calderón de la Barca en *La Vida es Sueño*. Quizás el grito de "¡Una, Pepe!" se escuchó en una novela del canal 23, la "reforzada" fue un invento y el precio de los diez centavos fue una alucinación. Pero no, no se debe dejar uno arrastrar por los vientos traicioneros del olvido. Hay que exigirle a la memoria, tratar de reconstruir los diálogos de nuestra juventud, arañar los cristales de la historia y volver a repasar los álbumes familiares en busca del árbol que una vez sembramos, de la pelota que se nos fue de entre las manos y de la mirada de la novia que nos decía adiós, porque de esos recuerdos nos nutrimos, nos formamos y llegamos a lo que hoy somos.

"La Norma" con sus "reforzadas", y sus *frozens* existió. Pepe no es una figura mítica, sino un buen hombre de carne y hueso con una voz de barítono que anunciaba la buena vida, una vida que se nos escapó sin darnos cuenta porque estábamos más preocupados por irnos que por mirar hacia atrás.

Medio siglo de desarraigo en una vida normal es demasiado para que pase sin dejar huellas profundas. Nos duele el alma cuando nos forzamos a mirar para atrás, cuando hacemos un alto en la vorágine de lo cotidiano para intentar recuperar esas horas perdidas de nuestra juventud. Las "reforzadas" se podrán recrear en una "Carreta" o en un "Versailles", pero jamás podrán ser las mismas que hacía Pepe, porque como decía Neruda: "Nosotros los de entonces ya no somos los mismos".

El "lector acucioso", en este caso el Dr. Hatuey Agüero, miembro del consejo de redacción de la revista *El Camagüeyano Libre*, me aclaró lo siguiente:

Querido Pancho: Tu crónica sobre La Norma está muy buena, pero creo debo aclararte algo. La demolición del edificio de La Norma, no fue para construir un parqueo, eso fue el resultado de la revolución. La historia es la siguiente, de la que puedo dar fe ya que intervine como abogado y notario en todo el proceso: Don Fe-

derico Castellanos, donó al asilo Amparo de la Niñez, la suma de $100.000.00 (equivalente hoy a un millón) para que los invirtiera y asegurara su obra social. Con ese dinero, el Asilo procedió a comprar toda la propiedad existente en la esquina de las calles República y Estrada Palma, y luego de obtener el desalojo de los inquilinos (el Bar La Norma, propiedad del señor José Guarch; el estanquillo de tabacos y billetes, propiedad del señor Arniella; la dulcería y heladería, propiedad de los hermanos Freixas; la tienda de víveres La Norma, propiedad de Zayas y Ribet; la Peluquería Leonor y la Farmacia del Dr. Goicoechea) se negoció con Sears Roebuck and Co. un arrendamiento, con una renta en los miles mensuales, por 30 años y por la que Sears fabricaría un edificio de tres plantas para abrir una gran tienda regional, que daría empleo a más de 100 personas, quedando el edificio propiedad del Asilo, al terminar el arriendo. Una vez firmado el contrato, y con los planos de la edificación aprobados, se procedió por la compañía constructora, a derrumbar el antiguo inmueble para la construcción del nuevo edificio. En eso llegó Fidel, con sus intervenciones de las firmas americanas, y todo se vino abajo. El terreno fue ocupado por el Estado. Durante un tiempo, se mantuvo como un gran solar yermo, pero luego pusieron un estacionamiento de autos y finalmente un parque, que creo es lo que hay hoy. Esa es la historia de cómo nuestra ciudad perdió, no sólo las croquetas preparadas, sino la oportunidad de tener una gran tienda Sears... pero ganó primero un estacionamiento de autos y luego un parque. Un abrazo, HATUEY.*

LA ESQUINA DE RANCHO CHICO

Nos reuníamos todas las noches en la esquina del restaurante Rancho Chico. No hace falta describir este centro cultural que se disfrazaba de alegre fonda para complacer a algunos entusiastas de la buena palomilla, el arroz congrí y los tostones.

Rancho Chico estaba situado en el corazón de Camagüey, en la esquina de la calle Martí y de la calle República, a un costado del colegio Salesiano, y permanecía abierto las veinticuatro horas del día para recoger a todo tipo de transeúnte, desde "el buen salvaje madrugador" hasta "el buen revolucionario noctámbulo".

La esquina de este restaurante fue testigo de innumerables debates amenizados con regularidad por Domingo Pichardo, *Cuchara,* y por Justico Legido, *el trinquete de la plaza de San Francisco,* quienes fungían como orientadores de los desvelados parroquianos. Temas de Cine Club donde se analizaba la última película de Antonioni, el campeonato intramural de softball, los amores contrariados y el acontecer político, eran discutidos noche tras noche impregnados de nuestro apasionamiento y de fuertes lazos de amistad.

A Rancho Chico se iba a conversar principalmente, pero era difícil resistirse a una palomilla con congrí, tostones y café por 85 centavos y 15 centavos de propina. Recuerdo que *El Negro*, uno de los asiduos a ese lugar, llegó una noche algo pasado de tragos y al flaco descremado que despachaba le dijo con voz enredada: "Repite, 'palomilla pa' to' el mundo'".

A veces nos daban las dos y las tres de la mañana discutiendo de pelota cuando llegaban los amigos hacendados a tomarse un café con leche porque se iban a un tranque de ganado. Los que no teníamos finca no podíamos evitar los ojos de admiración hacia los *John Waynes* camagüeyanos. *Chimenea*, un personaje pendenciero, garrotero de marca mayor y borracho consuetudinario aparecía en cualquier momento con el grito de "¿Quién le dijo yegua a mama?" y... a correr se ha dicho. Cuando Batista, los policías nos veían parados en esa esquina como parte del paisaje urbano y pasaban de largo porque interpretaban la reunión como señal inequívoca de normalidad.

Llegó la revolución y el tema de la política se convirtió en el único tópico de importancia. Noche tras noche nos reuníamos a discutir adónde iba la nación con la carrera desbocada de las leyes revolucionarias y el ataque a la libertad de expresión. Poco a poco apareció la frase: "Me llegó la *waiver*", y el grupo se fue reduciendo hasta que la implantación oficial del comunismo se encargó de dispersar a los amigos para siempre de aquella esquina.

Los colmillos del tiempo deben de haber dejado su horrible huella en aquel restaurante y dudo de que siga abierto las veinticuatro horas y mucho menos de que sirvan aquellas comidas deliciosas, pero si algún camagüeyano de nuestra generación, en una noche propicia, quizás cuando sople con fuerza el viento sur, fijase su atención a los matices del silencio, es posible que escuche los pasos de aquellos amigos acercándose a la esquina y alguna que otra risa confundida con el viento.

Desde esta ciudad de Miami, donde las luces de neón nos anuncian la ciudad mágica y el gran espectáculo de la soledad, donde los amigos ya no se reúnen en las esquinas porque el ritmo de la vida americana se lo impide, los pocos que quedamos de esas tertulias, ya todos abuelos, recordamos esa esquina como la gran plaza de nuestros corazones.

GONZALO Y EL
SAN JUAN CAMAGÜEYANO

Nuestro San Juan camagüeyano, que data desde el siglo XVIII, se iniciaba oficialmente en la Plazuela de Bedoya con la "publicación de los bandos" o "lectura del bando". No había una fecha exacta en el almanaque para su comienzo. Originalmente el bando era leído para informar al pueblo de los reglamentos necesarios para guardar el orden durante las celebraciones. Yo no recuerdo haber asistido nunca a esta lectura, pero sí tengo muy presente la impresionante conga que arrancaba en esa plaza y recorría las principales calles de la ciudad envolviendo a cuanto transeúnte se le acercaba sin distinguir clase social. Nadie podía salvarse del embrujo de los tambores. "Los Comandos" era el grupo que repiqueteaba esos cueros calentados la noche anterior, salpicados con ron barato y sudor de verano. Los festejos duraban hasta dos semanas, teniendo dos grandes fiestas: la del 24 de junio, día de San Juan, y la del 29 del mismo mes, día de San Pedro, con la que concluían las celebraciones.

Durante ese período de carnaval la gente podía andar disfrazada a cualquier hora, ya fuera con los coloridos trajes típicos de "mono viejo" o con el clásico capuchón, o su versión casera del "ensabanao" que consistía en una sábana y una funda con cuatro huecos, dos para ver, uno para respirar y otro para hablar, siempre con un acento extraño o voz de falsete para no ser reconocido.

Las calles lucían adornos de luces y banderines de todos colores. La música se oía por todas partes, desde los traganíqueles de los bares abiertos hasta los distintos tipos de congas callejeras. Había vecindarios que se cerraban al tráfico y contrataban a tríos o conjuntos para bailar. Los clubes contrataban a las mejores orquestas del país para sus bailes de disfraces y los vecinos aprovechaban para contratarlas y que tocaran en su callejón. El Callejón de Apodaca era uno de los más populares en este tipo de celebración. Mucho que bailamos en ese callejón con el famoso Conjunto Casino que había venido desde La Habana.

Existían también desfiles de carrozas y de comparsas. Una de las diversiones de los jóvenes consistía en pasear en camiones por la ciudad. Mis amigos y yo nos dividíamos en dos jeeps para perseguir al camión donde iban las chicas de nuestro grupo con sus chaperonas, y ver cuál lograba arrimarse lo más cerca posible para sonarles cornetas y pitos, tirarles serpentinas y conversar con ellas.

Una noche, esta competencia por ganarnos las sonrisas y felicitaciones de las chicas nos llevó a una confrontación en el Casino Campestre, donde nos peleamos en una batalla campal para al rato hacer las paces como si nada hubiera pasado. No me podía imaginar que nuestros adversarios del jeep contrario nos habían planeado una mala jugada. Pretendiendo que volvíamos a ser amigos, compraron varias botellas de cerveza. Después de consumirlas, se orinaron en ellas y las taparon con cuidado para que no despidieran ningún olor que los pudiera delatar. Sucedió que coincidimos los dos jeeps frente a un bar del barrio de La Vigía. Mi amigo Gonzalo había sido designado para iniciar la traición. Caminó hacia nosotros muy alegre con la cerveza envenenada en sus manos buscando al primero de nosotros. Yo me encontraba en aquel momento histórico en el lugar más cercano, por lo cual me ofreció el trago de la traición. Tan pronto lo tuve en mis manos e iniciaba el movimiento fatal, la conciencia le dio un brinco y me sujetó el brazo gritándome con desesperación: "¡No te lo tomes, que es meao!". El plan de envenenamiento fracasó por su gesto de hidalguía que, a pesar de estar en diferente bando, tomó el camino de la amistad.

Años más tarde, Gonzalo se fue a La Habana a estudiar la carrera de medicina y descubrió con inmensa tristeza que las celebraciones de San Juan coincidían con sus exámenes, quedándose atrapado en la capital sin poder disfrutar de los festejos. Era tanta su frustración que decidió dirigirse a su compañero de estudios Juan López solamente como "López" para que no le recordara el San Juan. Unos años más tarde me tocó a mí irme a estudiar a La Habana, pero tuve la buena suerte de que mis exámenes no interfirieron con el carnaval. Recuerdo que las ocho o nueve horas de viaje en un Santiago-Habana que me separaban de mis padres, mis hermanos, mi novia y mis amigos no se terminaban nunca. La primera impresión cuando me bajé del ómnibus era la alegría que se respiraba en la ciudad. Camagüey vibraba de música, de caras sonrientes, de adornos en las calles. Tal parecía que nos abrazaba y nos invitaba a bailar.

El próximo junio volveremos a celebrar el San Juan Camagüeyano, aunque no habrá congas callejeras, ensabanados, paseos de camiones ni persecuciones en jeeps. Camagüey se nos ha alejado despiadadamente en el recuerdo, pero los viejos amigos, sin importar en cual jeep estábamos, seguiremos recordando y brindando por los buenos tiempos con genuinas botellas de cerveza. Estoy seguro de que Gonzalo estará con el pelo más blanco y con menos energía, pero con la misma bondad e hidalguía de los tiempos en que ejercía las labores de control de calidad cervecera y le decía López a su amigo Juan.

LAS TERTULIAS

Irse a la cama sin hablar con los amigos era completamente absurdo. A los amigos había que verlos todos los días para llamarlos por el apodo cariñoso, ponerles el brazo en el hombro y contarles nuestras cuitas: "Tú eres mi socio, mi hermano, y tengo que confesarte que a esa chiquita la voy a ligar de un momento a otro, que la agarré mirándome, que las amigas se estaban riendo cuando pasé por la escuela" y el amigo ripostaba: "Déjame decirte que si la tienes *tumbá* es porque yo no he querido levantarla," y la risa y el empujón o el piñazo fraternal en el brazo seguía a continuación. Eso bastaba para ratificar una hermandad hasta la muerte.

En Camagüey se tertuliaba todas las noches, a diferentes horas y en diferentes lugares. Yo recuerdo con mucha claridad a las que asistía religiosamente: las de la Cafetería Lavernia y las de Rancho Chico. La primera era más bien deportiva para discutir con Otto sobre el equipo de baloncesto que él dirigía y yo trataba de ser la estrella, y la segunda para oír lo que decían Justico y Domingo, los verdaderos reyes de la noche, sobre la película que estrenaban en el cine Casablanca o la formación de la "liga de la escoba" en represalia por la injusta barrida que les había dado el nuevo coach del club a los mejores peloteros del mundo, que por supuesto eran ellos.

La tertulia de la Plaza de las Mercedes giraba alrededor del tema central de las apuestas a la chapa del carro que pasaba: "un peso a nones". Había otra en "La Caridad" que funcionaba como el *late show* a la cual El Gordo Silverio nunca faltaba. Esa era la que cerraba la noche y le abría el paso a la aurora y a los lecheros de Isabel Hortensia que nos traían aquella botella blanca con la chapita de cartón amarrada con un alambrito, y al camión de La Paloma de Castilla con sus galletas exquisitas.

No solamente las tertulias se producían en las calles y por la noche. Las tertulias del Círculo de Profesionales, las de La Cebada, del Correo, de la Liga, del Jerezano, del Gran Hotel, del Isla de Cuba, de los clubs privados como el Ferroviario, el Country, la Popular, el Liceo, el Atlético y el Tennis, tenían lugar todos los días, y los camagüeyanos conversaban y conversaban. Tuvimos la suerte de que todavía la televisión no nos ofrecía el cable ni los colores y la computadora no se vislumbraba en el futuro.

En las tertulias existían varios grupos generacionales que se relacionaban en perfecta armonía. En las nuestras, la mayoría nos conocíamos de cuando las manejadoras nos llevaban a los parques; habíamos asistido al mismo colegio desde la primaria, jugábamos a la pelota y al baloncesto en el mismo equipo mientras enamorábamos a las chiquitas del mismo grupo, guardando cierto código de honor de no interferir en el amor del otro. Terminamos el bachillerato y los que decidimos estudiar carreras nos fuimos a La Habana y vivimos en la misma casa de huéspedes hasta que regresamos a Camagüey. De más está decir que en los primeros años de exilio, la huella profunda que había dejado la tertulia llevó a los que no se relocalizaron fuera de Miami a vivir en el mismo edificio de apartamentos y a veranear en las playas de Singer Island hasta que el "sueño americano" los condujo por otros rumbos.

Claro que los tiempos han cambiado y nos han hecho cambiar a todos. Ahora, si sentimos la urgencia de conversar con el amigo, tenemos que mandarle un "texto", escribirle un "e-milio" o llamarlo por el celular, a ver si resulta apropiado pasar por su casa o hacer una cita para almorzar un día, porque "hay que almorzar de todas maneras y así no perdemos tiempo". ¿Perder tiempo? Malas están las cosas cuando cultivar al amigo no es una prioridad, cuando no se quiere ni contestar el teléfono sin chequear el *ID caller,* cuando encerrarse en la casa rodeado de una cerca y con alarma es el símbolo de la paz y la tranquilidad. Preferir sentarse pasivamente a ver un juego de fútbol, una novela o un *sitcom* jamás podrá reemplazar al bullicio y la alegría de ver un juego de básquet entre Atlético y Ferroviario o ir al Teatro Principal a la matinée del domingo a gritarle al operador de la cinta a la menor interrupción: "Cojo, suelta la yerba…".

A los amigos que nos quedan de aquellas tertulias perdidas, les dedico estas palabras sencillas desde el otoño de mi vida:

Querida tertulia de mi juventud, viste pasar nuestros mejores años y nos ofreciste el abrazo alegre y firme para fortalecer la amistad. Te recuerdo con nostalgia de la vida hermosa.

INSTANTÁNEAS DE LA MENTE

No me refiero a las fotografías tomadas mediante aquellos vetustos daguerrotipos de nuestros abuelos, ni siquiera a las tomadas por las más cercanas cámaras de cajón "Amsco" en cualquier día perdido en la memoria. Me refiero a las misteriosas fotografías de la mente. Esas imágenes que perduran sin pie de grabado y de las cuales no recordamos nada o muy poco. Son esas figuras que guardamos en "los tenebrosos rincones del cerebro", como dijera el poeta Gustavo Adolfo Bécquer en su prólogo a las *Rimas*, y que nunca fueron captadas por ningún lente. Creo que es bueno que sea así porque nos permite conservar el misterio y poder fantasear aquellas fotos con los colores de nuestra imaginación. Si el lector me lo permite, quisiera compartir algunas de estas instantáneas.

Un hombre con el pelo largo al lado de una bicicleta

Le decían *El Mono* y alquilaba bicicletas en el Casino Campestre. Tenía el pelo tan largo como el de una dama. Yo tendría unos 5 ó 6 años cuando creo que lo fijé en mi mente y recuerdo que mi madre comentó que estaba cumpliendo una promesa. No creo haberlo visto más, pero ese comentario de mi madre estuvo conmigo durante mucho tiempo cada vez que me acercaba a una bicicleta. ¿Qué promesa podría ser: curarse de una enfermedad desconocida o alcanzar el corazón de un amor imposible?

Un pobre ciego

Merodeaba la calle Maceo, era ciego y pedía limosna con esta súplica: "Una limosnita por el amor de Dios. ¿No me oyen, o es que no me quieren oir?". ¿Quién era este ciego?, ¿cuál era su nombre?, ¿cómo perdió la vista?, ¿sería en un duelo cuando era joven por la honra de una dama?, ¿sería una versión camagüeyana del Caballero de París…?

Una muchacha

Tenía los ojos verdes, el cabello muy negro y una tez pálida. La sorprendía algunas veces en la calle Comercio caminando con paso rápido y la seguía por todas las tiendas para piropearle los ojos. Ella apresuraba el paso y yo la perseguía con mis frases lisonjeras. Un día se encontraba acompañada de unas amigas en la esquina de Independencia y General Gómez y yo salía de comprarme una camisa en La Ópera. Me le acerqué decidido a proseguir con mi juego de frases aterciopeladas dirigidas a sus bellos ojos verdes cuando, de repente, en vez de salir caminando deprisa como era su costumbre, se me enfrentó y abriendo desmesuradamente los ojos, movió las pupilas en diferentes direcciones produciendo una mirada estrábica, acompañada de las carcajadas de las amigas, que me dejó tieso como una estaca, con el piropo congelado a flor de labio. No atiné a más nada que a seguir mi camino lleno de vergüenza y con la cara colorada.

La niña de los ojos verdes desapareció de las calles de mi juventud. Nunca supe su nombre y solo pude averiguar que era hija de un periodista.

Una escena de calle

Hablando de piropos, mi amigo Rafles y yo estábamos parados una tarde a la entrada de El Gran Hotel, dedicados a piropear a toda chica que nos pasaba por delante. Yo trataba de esmerarme y de ser original para poder competir con mi amigo que tenía fama bien ganada de "Don Juan" y de ser rápido con la palabra. Recuerdo que una *pepilla* bien portada lo saludó y Rafles se le acercó susurrándole algo imperceptible a mi oído. Ella se disgustó y le dijo con voz áspera: "Mira, Rafles, el que mucho abarca, poco aprieta", a lo que mi amigo contestó sin pestañear: "pero es que yo abarco y aprieto". Yo me quedé maravillado por semejante riposta y me dispuse a ser más agresivo en el próximo lance que no se hizo esperar. No recuerdo lo que le dije a la chica que venía en ese instante, pero debió de haber sido algo simpático porque me miró y sonrió. Rafles me agarró por el brazo y me dijo: "Síguela que va herida". Todavía resuenan esas palabras de estímulo que inexplicablemente no lograron mover mis piernas. Sé que era bonita y tenía una sonrisa encantadora, pero la foto quedó borrosa en mi memoria y solo se distinguen esos detalles.

El profesor de Química

Hablando de estrabismo, "Bizco" le decían a un catedrático de Química en el Instituto. No me consta que de verdad lo fuera —bizco, no catedrático— porque nunca le pude mirar de cerca debido al miedo que me daba. Se sabía muy poco de él, sólo que era un convencido solterón con una novia de más de quince años de relación y que sentía un infinito placer en suspender a los alumnos. Sus exámenes duraban todo el día. Presentaba problemas que valían dos puntos y en los cuales tenías que trabajar una hora. Los estudiantes de las escuelas privadas como los Maristas, teníamos que enfrentarnos a este carnicero en el cuarto año de bachillerato y si estudiábamos ciencias, otra vez en el quinto. Habían alumnos que descubrieron su amor a la literatura por no tener que enfrentarse por segunda vez a sus exámenes de Química.

La instantánea de la que les voy a hablar ocurrió cuando llegó el catedrático a nuestra aula en el cuarto año con los exámenes de Química listos a repartir. Entró como un bólido sin siquiera dar los buenos días. Una vez que terminó, nos dijo con su voz nasal: "El examen es fácil", entonces sonrió de medio lado y continuó diciendo: "...claro, para mí que fui el que lo hizo...". Ya puede el lector imaginarse el pánico que se apoderó de nosotros.

Sospecho que el famoso catedrático seguirá suspendiendo a cosmonautas extraviados en algún lugar donde se encuentre en este vasto universo.

Tirso

Se llamaba o le decían *Tirso* y tenía un amigo que le decían o se llamaba *Chaparra*. Siempre se le veía por la calle Comercio y hablaba con una entonación especial adornada con frases ingeniosas. Recuerdo que un día un amigo mío, que tenía un virulento acné juvenil en el rostro, se estaba limpiando los zapatos y Tirso me dijo al acercarme: "Ahí tienes a *Jeta Fú* limpiándose los *ancorios*". En otra ocasión estaba parado a lado de un político que aspiraba a un escaño electoral y me dijo señalándolo con el dedo: "Él es muy popular, sobre todo en el Norte de la China y en el Sur de África". Estas son las únicas fotos que tengo de Tirso. No sé de sus datos personales, no sé a qué se dedicaba, ni de qué vivía, pero siempre lo veo parado en el Gran Hotel repitiendo las mismas frases.

¿Quién tiene una foto?

"Este es el Fado, fadiño, fadeido, tan colosal y original..."

Tenían doce, trece, catorce años. Bailaban en fila por parejas. Ensayaban todas las semanas en el club. Quizás pensaban presentarse en una velada, o a lo mejor era parte de una comparsa de carnaval donde estrenarían trajes típicos de una región de Portugal.

Cuerpos ágiles y lozanos marcaban el compás del ritmo con gracia y precisión. Sus risas juveniles viajaban en el aire, chocaban y se entrelazaban con miradas pícaras dirigidas a nosotros que atentamente seguíamos cada movimiento a una distancia marcada y defendida por el señor Ferreiro, director y tirano de la coreografía.

¡Cuántos nombres se me atropellan en la evocación!: Gladys, Olga, Myriam, Silvia, Marta, Ninía, Alba, Mercy, Marta Elena, Julia, Loli, Chiqui, Ana María, Yoyi...

Camagüey aislado, señorial, lento y distante. Camagüey de los años cincuenta que dormía su siesta de verano.

Es posible que exista alguna foto gris perdida en los escaparates profesionales de un Joe o un Casanova, o quizás alguna Kodak haya congelado esos instantes. Por favor, si alguien tiene una foto, que dé un paso al frente y me ayude a aplacar esta melancolía.

EL CAPITÁN NAVARRO

Regordete, pequeño de estatura, de aspecto poco afable, y armado del poder que concedía el uniforme azul de policía y los grados de capitán en época de Batista, este señor se convirtió en el terror de la "pepillería" en Camagüey. Eran los primeros años de la dictadura y todavía la situación política no se había puesto difícil. No había ningún barbudo alzado en las montañas y la resistencia apenas empezaba a organizarse. Eran tiempos de una tranquilidad relativa. Los soldados y la policía mandaban, pero se podía vivir sin sentirse acosado o reprimido, excepto si uno era un joven estudiante y caminaba en grupo por la calle con el uniforme de la escuela o si formaba grupos en las esquinas para piropear a las muchachas.

Una de las actividades preferidas de este capitán era pasearse silenciosamente en su perseguidora, con las luces apagadas, con el objeto de sorprender a cualquier joven incauto que tuviera el atrevimiento de dejar abierto el primer botón de la camisa para entonces bajarse estrepitosamente del carro patrullero y hacerle cerrar el ojal al aterrado transeúnte. "Ahí viene Navarro" era la voz de alerta del designado vigía en las tertulias callejeras para que todos desapareciéramos al instante. ¿Por qué lo hacía? En aquel entonces no lo podía comprender. Éramos buenos muchachos, estudiábamos bachillerato en una escuela católica, nadie estaba en drogas y no pertenecíamos a ningún movimiento subversivo o antisocial. ¿Cuál era el empeño de este enano azulado de hacernos la vida difícil? Ahora, al cabo de cincuenta años, he logrado comprenderlo: se aburría como una ostra en Camagüey. No había entuertos que deshacer, ni robos, ni atracos, ni mucho menos asesinatos. El periódico *El Camagüeyano* rara vez traía algo subido de tono en la crónica amarilla. El reportero de la policía, Piña Varona, dormía la siesta todos los días y bostezaba la mayor parte del tiempo, (al menos, así lo veíamos nosotros en aquel entonces).

El Capitán operaba regularmente en la calle Maceo, llamada por los camagüeyanos "Calle Comercio", donde se daba cita la juventud para pasearse de un lado a otro y los enamorados para compartir un rato de asueto sin la presencia de las chaperonas. Un grupo de nosotros, que nos sentíamos acosados por su pedantería y vigilancia, decidimos probar suerte en otra zona donde pudiéramos burlarlo, y acordamos estacionarnos a la entrada de la Escuela Normal de Kindergarten para deleitarnos con la llegada de las chicas a sus clases vespertinas.

El lugar era muy estratégico porque nos quedaba a sólo unas cinco cuadras de nuestro colegio de los Maristas y podíamos regresar a tiempo a la escuela, después de piropear hasta cansarnos a las futuras maestras sin la sombra de las perseguidoras. El tiempo fue pasando y parecía que pasábamos desapercibidos hasta que una tarde del mes de mayo, cuando ya abandonábamos nuestra posta de admiradores de la belleza femenina, una guagua patrullera frenó antes nuestros ojos atónitos y dos policías decididos a no "perder la calle", nos montaron en ella y nos condujeron detenidos a la jefatura de policía, la cual quedaba a sólo unos metros de nuestra escuela, con la dramática acusación de "desorden público".

Éramos cinco los detenidos. Si la memoria no me falla, estábamos en capilla ardiente: Benjamín Sánchez, *Panano* Olivera, Roberto Álvarez, Carlitos Cibrián y yo.

Fueron largas horas de incertidumbre, hasta que un policía se compadeció de nosotros y me permitió hacer una llamada telefónica. Marqué el número del bufete de mi padre, con tan buena suerte que lo pude localizar y explicarle con detalles lo que estaba pasando. Papá me dijo que me calmara y que iba inmediatamente para la estación a tratar de solucionar el problema.

Fueron minutos de angustia hasta que, de repente, emergió la figura amenazante del capitán. Mi padre lo acompañaba a una distancia prudente y, tan pronto hicimos contacto visual, pudo guiñarme un ojo como para indicarme que no le hiciera caso porque todo estaba arreglado. El capitán, después de amenazarnos con la cárcel por invadir los predios del plantel de enseñanza privada y perturbar a las estudiantes, nos dio un sermón sobre los estudios, los deberes de la juventud, los buenos modales, las buenas costumbres y las ventajas de las camisas totalmente abotonadas. Al cabo de un rato, ordenó que nos soltaran pero advirtiéndonos que en la próxima fechoría iríamos de cabeza al vivac.

Regresamos al colegio sin saber que la noticia se había filtrado por todas las aulas y pasillos. Ante nuestra sorpresa, en vez de llevarnos a la rectoría para enfrentarnos al inminente castigo por el Hermano Director, fuimos recibidos con aplausos por el alumnado en pleno que salió de las aulas para recibirnos como a unos verdaderos paladines.

Desde esa tarde triunfal, nuestro perfil de estudiantes heroicos nos hizo más populares con las muchachas de la Normal y hasta hubo algunas de ellas que empezaron a esperarnos a la salida.

Al poco tiempo, el Capitán Navarro desapareció de nuestras vidas. Me imagino que se cansaría de tanta tontería y encontraría por fin algo interesante en que matar el tiempo, como ocuparse de bajar de peso y atender a su familia. Nunca más supe de él. Cuando triunfó la revolución y se le hizo el pase de cuenta a la policía, no recuerdo haber sabido de su paradero. Así pasó a la intrahistoria con más penas que glorias este peculiar policía que se aburría olímpicamente en nuestra querida ciudad, experto en el oficio de "cerrador de botones".

CHIMENEA

Se llamaba Juan pero todos le decían "Chimenea". Este personaje camagüeyano, según algunos de los que lo conocieron, funcionaba como garrotero, un oficio que debido a lo poco avanzado del sistema bancario y de la inexistencia de tarjetas de crédito, resultaba de mucha utilidad cuando se necesitaba dinero con cierta urgencia. También le gustaba "alzar el codo" con frecuencia y debido a este hábito no muy saludable, se veía envuelto en entuertos no del todo quijotescos. Sospecho que tendría otras características y me atrevería a decir que algunas eran positivas, pero de ésas nunca me enteré ni conocí a nadie que las hubiera oído mencionar.

A principios de la revolución, los camagüeyanos sufrimos el primer discurso del Comandante desde un balcón del Colegio Cisneros en la Plaza de la Caridad. En esa ocasión se refirió a que iba a exterminar a los parásitos sociales como los garroteros y los borrachos. Al siguiente día en el bar "La Cubana", Chimenea muy preocupado, les dijo a los presentes con su voz fañosa: "Ese hombre me ha *retratao*".

Muchas anécdotas se contaban de él, casi todas inapropiadas a la lectura de salón, pues el vocabulario que utilizaba en los versos que componía para acompañar sus excentricidades hubiese hecho sonrojar a cualquier señora decente. Recuerdo, sin embargo, una en particular relacionada estrictamente con su oficio: Chimenea se encontraba en el bar El Jerezano, como era su costumbre, cuando un presunto cliente se le acercó tímidamente y sin subir los ojos del piso, le dijo muy bajito: "Chimenea, necesito que me prestes cien pesos". Chimenea le puso la mano en el hombro con aire de consejero municipal y le preguntó: "¿Pa' qué queréis ese dinero m'hijo?" El pobre hombre tragó en seco y le respondió que era para comprarse un caballo. Chimenea tenía una risa que parecía un gruñido en estacato de tres toques. Era difícil acertar a qué estado de ánimo correspondía, porque él la utilizaba como algo genérico, sin importarle el tipo de situación. El presunto cliente la escuchó ansioso, al igual que la mayoría de los parroquianos que se encontraban en el bar, seguida de esta contundente observación: "Lo siento, mi hermano, no puedo ayudarte porque, si a los de a pie no les puedo cobrar, *decíme* vos los de a caballo".

Chimenea tenía dos amigos que se apodaban "Tarzán" y "Tarzanito", que eran los encargados entre sus múltiples funciones, de llevarlo a su casa cuando se emborrachaba, además de protegerlo de las numerosas peleas que constantemente procuraba, la mayoría de las veces provocando a las víctimas con la frase inquietante de "¿Quién le dijo yegua a mama?". Estos *tarzanes* practicaban gimnasia en la sociedad de Santa Cecilia, lo que les había permitido desarrollar un físico de hombres fuertes. Una vez, según me han contado diferentes fuentes, pretendieron formar parte del equipo olímpico de Cuba y partieron para La Habana, gracias a una colecta que les hicieron sus amigos, a probar sus brazos en las argollas y los burros. No hicieron más que llegar al gimnasio cuando quedaron sorprendidos por la habilidad de unos jóvenes en los ejercicios de barra que resultaba muy superior a cuanto ellos hacían.

Indagaron sobre ellos preguntando cuántos años llevaban en el equipo olímpico y se encontraron con la desconcertante noticia de que eran sólo unos aficionados que merodeaban por el parque. Al día siguiente estaban de regreso en Camagüey, dedicados nuevamente a proteger a su amigo.

De Chimenea aseguran testigos de la época que una vez se comió un perico vivo y que en otra ocasión, cuando la Segunda Guerra Mundial, ordenó a su compañero de juerga que se lanzara al vacío en un paracaídas ficticio desde la altura de la estrella en la Feria de La Caridad. Desde el suelo, todo adolorido, el amigo le emplazó a que lo siguiera, a lo cual le contestó con picardía: "Lo siento, hermano, me han dado contraorden".

Chimenea se suicidó. No se sabe con certeza por qué decidió terminar con su vida, pero sospechamos que no pudo soportar por más tiempo la dictadura comunista. Hoy recuerdo y saludo a este personaje folklórico que sin duda les resolvió problemas de finanzas a empresarios en apuros, contribuyó a la industria del ron, y supo llenar las calles de Camagüey de un colorido muy especial.

Parque Agramonte y costado de la Catedral.

LINO

Lino era Supermán. Al menos así lo creíamos todos los que íbamos al Parque Agramonte a jugar al trompo, a la pelota hecha de esponja o con cartones de cigarros, y a las bolas. No solamente era Supermán sino el terror de todos nosotros. Si jugábamos al trompo, aquel que bailaba mejor era el que Lino elegía para su bolsillo. Si jugábamos a la olla, los bolones de acero, que no eran fáciles de conseguir y que desplazaban con más fuerza a las demás bolas que los de cristal, iban siempre a parar a su colección privada.

Nadie se atrevía a incomodarlo. Era más alto que nosotros y en sus ojos había una profundidad que nos paralizaba a todos. Solía llegar al parque como un fantasma. Nadie lo veía y de repente estaba en medio de nosotros acechando los trompos y los bolones de acero. Antes que llegara la noche, dos o tres de nosotros regresaba a la casa llorando.

Una tarde mi vecino Kike pasaba por el parque cuando Lino estaba en plena faena. Kike que era mayor que nosotros y seguía el método de "tensión dinámica" de Villar Kelly para el ensanchamiento muscular, se me acercó y me puso la mano en el hombro. Inmediatamente Lino paró su fechoría. Kike le hizo devolverme los trompos y los bolones y me forzó a que le dijera que no queríamos verlo más en el parque. Lino se puso muy chiquito. Ya no parecía Supermán. Tomé más confianza y le eché una bravuconada ante los ojos atónitos de mis compañeros. Lino bajó la cabeza y se marchó.

Todos me felicitaron y me convertí en algo parecido al Llanero Solitario. Yo no lo podía creer. Lino se había ido del parque, había devuelto lo que se acababa de robar y todos éramos felices.

Kike se quedó todo un buen rato con nosotros pero al fin decidió proseguir su camino. Todos seguimos jugando a la olla y bailando nuestros mejores trompos cuando, de repente y sin que nadie se percatara, reapareció Lino en medio de nosotros. Esta vez no le interesaba nada que pudiera llevarse a sus bolsillos. Sus ojos negros y su mirada profunda se clavaron en mis ojos. Me empujó, me insultó y me volvió a empujar. Mis amigos se echaron a un lado y me dejaron solo, frente a frente con Supermán en todo su esplendor.

No me acuerdo qué tiempo duró la golpiza que me dio, posiblemente hasta que se le cansaron los brazos y le dolieron los puños. Me fui llorando a la casa, lleno de verdugones por todas partes. Pensé mucho en Kike, reprochándole el haberme abandonado. Me costó mucho trabajo dormir esa noche por los golpes y la humillación. Pensé no regresar nunca más y entregarle a Supermán el dominio completo del parque.

Al siguiente día me armé de valor y decidí afrontar mi destino. Pensé que al menos volveríamos a la situación anterior a la intervención de Kike y que lo del Llanero Solitario había sido solo un sueño. Para mi sorpresa mis compañeros me recibieron como a un héroe. Todos me dieron palmadas en la espalda y hubo uno que hasta me levantó el brazo y me proclamó el campeón.

Pasaron los días y con ellos las semanas y los meses, y Lino nunca regresó al parque. Posiblemente no quiso arriesgarse por temor a una represalia de Kike, pero hoy con más experiencia de la vida, y después de haber efectuado una investigación exhaustiva en los archivos de la Catedral, me atrevería a pensar que Supermán todavía debe estar sanando del dolor en los brazos y de la hinchazón en los puños por la formidable paliza que me propinó.

EL PRIMER DÍA DE CLASE

Resultaba difícil dormir la noche anterior. Costaba trabajo apartar los ojos del perchero donde se colgaba la camisa azul con la corbata blanca. El verano había sido demasiado largo y soñoliento. Ya era hora de volver a la vida. Mañana sería el primer día de clase, el día del olor a libro nuevo, de los uniformes relucientes, de saludar a los compañeros que no veíamos desde junio, de elegir el pupitre donde nos íbamos a sentar por el año entero, de regresar a los deportes, a los recreos, o si estábamos en bachillerato, a esperar la salida de clase del Teresiano o de la Normal de Kindergarten para saludar y piropear a las chicas. La vida comenzaba mañana. Por supuesto que había que estudiar, pasar exámenes. Si estudiabas bachillerato tendrías que enfrentar a los profesores del Instituto en los exámenes parciales, pero nada de eso contaba en el primer día.

Amanecíamos con el café con leche acompañado del pan o galleta de La Paloma de Castilla. No se necesitaba más. Mucho tiempo después nos enteraríamos en el exilio de los cereales y de las frutas. La guagua "Vigía Granja" o el tranvía "Libertad Mártires" nos llevaba a la escuela. Ahí estaba el edificio abriéndonos las puertas. En una de las paredes amplias que daban al patio se jugaba al "tirao" con una pelota de macilla dura que rebotaba violentamente al tirarla a la pared. El que estuviera más cerca y no la pudiera atrapar salía del juego. En la otra pared se jugaba a "la cancha" con una pelota de esponja, mucho más suave, que se manoteaba contra la pared. Esta no se agarraba, sino que se devolvía a la pared usando una palmada. El que fallaba, también salía del juego.

Sonaba el timbre y teníamos que formar filas por grados. Las aulas de pre-primario, primero y segundo grado estaban en el ala derecha. Tercero, cuarto y quinto grado, del lado izquierdo. Dos escaleras conducían al segundo piso. El piso de los grandes, la clase de ingreso de bachillerato, primero y segundo año, a la izquierda. Tercero, cuarto y quinto, a la derecha. Estos últimos años de bachillerato se fueron agregando paulatinamente.

Un hermano Marista, con su sotana negra y su cuello blanco que salía en forma de corbata ancha y corta de la misma garganta, se situaba al frente de las filas y nos conducía a las aulas donde íbamos a permanecer durante todo el curso escolar.

De mis años de primaria recuerdo nítidamente la fila para la entrega de los libros nuevos con el olor a tinta fresca que dirigía el Hno. León peleando con todos nosotros y dando carreras cortas de un lado a otro. Los cuadernos cuadriculados para las matemáticas, los bloques amarillos para usarlos de borradores. La memoria se nubla y solo deja escapar instantáneas que se entrelazan, se superponen, y surge el vendedor de un puesto en el patio de la escuela al quien llamábamos "maestro" que era a su vez el cocinero del colegio. Recuerdo los medio pupilos que se quedaban todo el día y almorzaban con los hermanos. Nunca se me ocurrió preguntarles si estaban contentos.

A medida que avanzábamos en años nos movíamos de aulas y de pasillos. La primera meta consistía en subir las escaleras. Había que estudiar muy fuerte en ese quinto grado porque el salto al Ingreso era trascendental. Pasar el Ingreso era estrenarse en la adolescencia, ser considerado en el grupo de los grandes. El primer año era relativamente fácil, el segundo se complicaba un poco con la geometría, pero el tercero era el desmoche. Eran demasiadas asignaturas. Entraba la física, y las matemáticas se complicaban más. Ya no era aquello del pepilleo y los deportes con un poco de estudios. Ahora eran las asignaturas en primer plano. Si pasabas el tercero, estabas a un poco más de la mitad de camino. El cuarto nos presentaba la química con Morán, más otra física y otra matemática mucho más compleja. Casi todos complementábamos las clases de la escuela con Arias, Nápoles, Acosta, América y Sofía Torres, Cepero o Melián. Los que llegaban al último año ya estaban listos para la Universidad, aunque no necesariamente para la libertad de vivir fuera de la casa, hacerse completamente responsable de los estudios y enfrentarse con la belleza e inmensidad de la ciudad de La Habana.

Allí el primer día de clase perdió el encanto de los compañeros ausentes por el verano, del olor a los libros nuevos, de las aulas, los pasillos y el pupitre, y de las chicas del Teresiano y de la Escuela Normal. La Habana nos cambió la vida de provincia, de la familia, del parque, del club, de los amigos, de las novias. Nos sacó del tinajón y nos arrojó a la vida preparándonos para ser hombres de carrera y futuros padres de familia.

Llegó la revolución con su hacha demoledora y nos tronchó los planes. El futuro ya no era radiante. Las cárceles, las embajadas, los permisos de salida acapararon nuestras vidas. Tuvimos que dejarlo todo. Algunos se casaron precipitadamente, otros rompieron con las novias, y casi todos abandonamos el país.

Comenzaron los primeros días de exilio, el primer día de trabajo, el primer auto, la primera casa propia. Después fueron llegando el primer hijo, el primer nieto, el primer fallecimiento de un ser querido, y así sucesivamente nos cargamos de primeros días hasta adentrarnos en los años silenciosos de la nostalgia, donde empezamos el conteo regresivo y, casi sin querer, evocamos aquel lejano y distante primer día de clase.

LA PLUMA DE FUENTE

Eran los tiempos de las plumas de fuente. La "Esterbrook" dominaba el mercado. Estas plumas tenían un dispositivo para cargarse de tinta que resultaba muy fácil de utilizar. Se sumergía medianamente el punto de la pluma en el tintero, se abría el dispositivo de carga con la ayuda de la uña y la magia se producía: escribir, escribir incesantemente sin tener que volver al tintero en largo tiempo. Aparte de esta cualidad, las Esterbrook eran muy elegantes. Tenían un casquillo que protegía el punto y se podían enganchar en la camisa. Venían en diferentes y atractivos colores. Poseer una de estas plumas en Camagüey era símbolo de bienestar económico y de estatus social.

Nuestros pupitres en Los Maristas tenían un orificio en el extremo superior derecho donde se insertaba un envase blanco de cerámica el cual llenábamos de tinta para mojar unas rústicas plumas de madera que tenían un punto bastante desconfiable y que al menor descuido te salpicaba la camisa y la corbata. En mi clase de cuarto grado ya se veían unas cuantas Esterbrooks y los compañeros que las tenían las mostraban orgullosamente para la envidia del resto de nosotros.

Llegó mi cumpleaños y le pedí a mi padre que me regalara una de ellas. Yo tenía una fama bien ganada de no poder sostener por mucho tiempo nada en mis manos. Cualquier cosa que tenía en ellas se me resbalaba como por arte de magia e iba a parar al suelo. No sé cuántos vasos de cristal había roto junto con cualquier otra cosa que estuviera en una bolsa y me la hubieran dado a sujetar. Además de esta deficiencia tenía otra que era la de perderlo todo. Dejaba el reloj, la llave de la casa y el peine constantemente en cualquier sitio. Se me perdían las postalitas de los peloteros, los libros de la escuela, la lista de los mandados. Sabiendo de sobra mi inestabilidad con mis dedos y con la memoria, mi padre me dijo que me iba a dar un palito de madera y que yo se lo tenía que traer todos los días durante un mes y en el mismo estado en que me lo había entregado. Si yo lograba ese cometido, entonces él pensaría seriamente en la Esterbrook. Era tan grande el deseo que tenía de poseer esa pluma que hice un ritual religioso de mi palito de madera. Lo cuidaba con esmero y se lo enseñaba todos los días. Pasó el tiempo requerido y pude entregarle a mi padre el palito en el mismo estado en que lo había recibido. Estaba muy orgulloso de mi proeza y de mi dedicación. Mi padre cumplió con lo prometido y me regaló una Esterbrook roja que vino a iluminar mis trabajos escolares y a hacerme sentir el estudiante más feliz de mi clase.

No había pasado la primera semana cuando inexplicablemente se me cayó de la mano y cuando me agaché a alcanzarla lo primero que pude distinguir fue el punto completamente torcido. La Esterbrook había caído perpendicularmente y no había podido sobrevivir el impacto. Lejos de desesperarme, tomé la pluma y la puse dentro del pupitre como si nada hubiera pasado. Cerré los ojos y le pedí a la Virgen que me ayudara. En los Maristas siempre se le rezaba a la Virgen, y yo estaba convencido de que ella no me iba a defraudar y que cuando abriera el pupitre ahí iba a estar el milagro.

No era gran cosa lo que había que hacer. Era enderezar un punto. Ni siquiera se le podía llamar milagro. Esto para la Virgen era coser y cantar. Estaba confiado. Cuando calculé que ya la Virgen se había ocupado de tan pequeña tarea, abrí el pupitre y descubrí con extrañeza que todo seguía igual. No me desanimé. La Virgen estaría ocupada en cosas más importantes y cuando estuviera aliviada de trabajo resolvería mi caso. Continué rezando y abriendo el pupitre por todo el día hasta que finalmente el timbre llamando a la salida me obligó a formar filas para abandonar el colegio. No culpé a la Virgen por su olvido. Imaginé que la Esterbrook no era de importancia alguna para todos los milagros difíciles que tenía que hacer todos los días. El problema serio era afrontar a mi padre. ¿Cómo explicarle?, ¿cómo pedirle perdón por mi descuido?, ¿cuál sería el castigo que me daría?

Llegó el momento y me le paré enfrente con mi Esterbrook rota. Mi padre no me dejó hablar. Me pasó la mano por la cabeza con mucho cariño y me dijo: "Te ha durado casi una semana. Esto es mucho más de lo que había pensado. ¡Estoy muy orgulloso de ti!" De más está decir la alegría inmensa que sentí. No pensé más nunca en la Esterbrook y regresé a mi pluma de madera con los tinteros de cerámica y las manchas en la corbata. Terminé mi cuarto grado sin volver a preocuparme del incidente.

No sé cuántas plumas más he desaparecido ni cuántas se me han caído de las manos en lo que llevo de vida, pero siempre recordaré con especial cariño las palabras de aliento de mi padre y mi primera pluma Esterbrook.

LA COMPETENCIA

Nuestro colegio de Los Hermanos Maristas tenía una piscina. No creo que en la década de los cuarenta, con la excepción quizás de alguna oculta al ciudadano común, hubiera otra en Camagüey. Decían que los hermanos se bañaban en ella, pero en mis once años en ese plantel, pese a vigilar constantemente, jamás vi a ninguno nadando en ella y solo el pensamiento de que usaran trusa me parecía irreverente.

Recuerdo que ya en bachillerato muchas veces nos daban acceso a ella como recompensa por nuestros esfuerzos en las prácticas de baloncesto y, a pesar de convidarlos a que se unieran a nosotros, siempre nos daban alguna excusa.

Trasladándome a mis años de primaria, era usual regresar al colegio los sábados por la mañana para disfrutar de las canchas, de la pelota y por supuesto de la piscina. Los hermanos organizaban juegos y competencias acuáticas para mantenernos entretenidos y sacarnos fotos que más adelante aparecían en nuestro anuario, como una de un grupo de nosotros con las caritas sonrientes y debajo un pie de grabado que decía: "grupo de jaibas tomando sol".

Yo había aprendido a nadar en una playa en la que veraneábamos con toda la familia. Un médico amigo de mi padre, Ramón

Eduardo Menéndez, se encargó de la enseñanza en contra de mis objeciones de que el verano era para divertirse y no para estar sufriendo a cada segundo tragando agua. Venció la pedagogía y regresé a Camagüey listo para mantenerme a flote en la parte honda de la piscina y avanzar de un lado a otro dando chapotazos desordenados y arrítmicos.

Tan pronto abrió la escuela y se reanudaron los sábados de piscina, me apresuré a inscribirme en las competencias de natación. No creo que pensara en ganarle a nadie sino en sentirme parte de la contienda. Mi meta era llegar a la otra orilla: veinticinco metros que parecían leguas, pero que yo estaba seguro de que podría conquistar después de mi sufrido aprendizaje con el médico.

Nos sortearon obedeciendo al tamaño y al grado. Éramos cuatro en cada competencia. Nos alinearon en la parte más honda, nos explicaron las reglas y al comando de "¡fuera!", los cuatro nos tiramos al agua, con la gran diferencia de que nadie me había dicho que tenía que ganar distancia tratando de estirarme lo más posible en la arrancada y lo que hice fue zambullirme como para buscar una ostra de perlas en el fondo.

Cuando logré salir a flote y miré alrededor, vi que mis compañeros ya estaban en la mitad de la piscina. Puse toda la energía que pude en mis brazos y piernas y por fin pude alcanzar la meta cuando ya mis tres contrincantes se acababan de vestir para irse con sus padres. Me quedé un rato más refrescándome y pavoneándome por la proeza de haber llegado.

Llegué a mi casa y le dije a mi madre lleno de júbilo que había quedado en cuarto lugar en una competencia de natación. Mi madre se volvió loca de la felicidad y dio brincos de alegría. Corrió a decírselo a mi abuela y a mi hermana. Todas no hacían más que celebrarme hasta que una de ellas me preguntó cándidamente que cuántos había en la competencia. Contesté sin inmutarme que éramos cuatro.

Mi hermana se fue en carcajadas, pero mi madre me abrazó fuerte y me dijo: "Siempre confié en ti, eres el mejor nadador del mundo".

APARICIONES EN LA FAMILIA

Nuestra casa en Camagüey tenía dos caras convexas. Como la poesía de Pablo Neruda, podría ser "Marisol" por el día: llena de luz, actividades, alegría y música, y "Marisombra" por la noche: penumbra, misterio, voces y apariciones.

Tan pronto se apagaban las luces y todos nos retirábamos al sueño reparador, comenzaba la danza de los fantasmas. Los balances se movían, las ratoneras sonaban una tras otra, se sentían pasos por los pasillos, los murciélagos volaban y los grillos cantaban su sempiterna canción.

La casa tenía cuatro habitaciones. En la primera dormían mis padres, en la segunda mi hermana, en la tercera mi hermano Godín y yo, y en la última dormía mi abuela Yeya, a quien achacábamos el movimiento de los balances y los pasos misteriosos, aunque en verdad, nunca pudimos comprobarlo.

Tendría unos diez u once años cuando tuve mi primera experiencia extrasensorial. Primero sentí que alguien quería levantarme el mosquitero, abrí los ojos y distinguí a un hombre viejo, alto, fornido, vistiendo un *overall* y con un sombrero de yarey. Reaccioné de inmediato y le lancé una bofetada gritando de pánico. Mi mano fue un abanico en el aire denso de la noche. Mis padres y mis hermanos se levantaron tratando de calmarme, asegurándome que había tenido una pesadilla. Yo juraba que estaba despierto y que no había estado soñando, a lo cual mi madre inexplicablemente sugirió: "Quién sabe si fue tu abuelo que quería conocerte". Mi abuelo había fallecido mucho antes de que yo naciera y en una única foto tomada junto con mi abuela Yeya, que aún conservo, aparecía con un sombrero y una guayabera cerrada al cuello, una estatura alta y una expresión muy seria en su rostro. Recordé la foto y me pareció reconocer el sombrero, la estatura y el rostro fruncido de quien se me había aparecido. Le pregunté la razón del *overall* y mi madre me recordó que era un hombre de finca.

Creo que acepté de mala gana la idea del abuelo curioso, convencido que no quería hacerme daño. Inclusive hasta llegué a reprocharme el haberle lanzado una bofetada. "¿Qué pensaría el pobre abuelo?"

Al poco tiempo se sucedieron las mismas apariciones permaneciendo por espacio de dos años. Siempre acontecían de noche, una vez que estuviera preparándome para dormir, o quizás se manifestaban en una suerte de ensueño. Primero sentía sus pasos, después su aliento. Yo cerraba los ojos y le rezaba a la Virgen hasta que se desaparecía. Con el tiempo me acostumbré a su presencia aunque nunca me sentí con valor para confrontarlo, preguntarle que quería, o tratar de tocarle. Sencillamente sabía que estaba cerca de mí, me miraba, y yo lo aceptaba.

La última aparición ocurrió en el cuarto de mi hermana Myriam, quien estaba estudiando en un colegio en La Habana y por ese motivo me había mudado para su habitación. Los espíritus no se pierden fácilmente y supongo que no tuvo problemas para encontrarme. Esta vez, sin embargo, fue diferente. Al principio todo parecía seguir los pasos de rutina: yo con los ojos cerrados, mis rezos, el mosquitero, el aliento... pero de repente me levantó el mosquitero y posó su mano suavemente en mi frente. Me estremecí de pies a cabeza, el corazón se me disparó, y apreté mis dientes pensando que era el fin del mundo, pero poco a poco sentí una calma placentera y una ternura nunca antes experimentada. Percibí el roce de una mano grande, fuerte y callosa que me parecía transmitir un adiós de despedida. Así fue. Nunca más volví a sentir ese aliento hasta hace unos días en que se volvió a repetir la escena pero con distinto personaje y un motivo diferente.

Resulta que mi hijastra Suzie, su esposo Carlos y los tres nietos vinieron a pasarse unos días con nosotros por motivo de unos arreglos inesperados a la casa que acababan de comprar. Carlos llegó con los tres niños profundamente dormidos a las nueve de la noche y los acostó a dormir en el cuarto de visita sin haber podido comunicarles que estaban en nuestra casa. Los mayores estuvimos un buen rato viendo televisión y ya bien entrada la noche nos retiramos a nuestras habitaciones. Como es costumbre, mi esposa Carmen y yo cerramos la puerta de nuestro cuarto, nos pusimos las pijamas, tomamos las medicinas de rigor y alcancé el libro de turno para prepararme a conciliar el sueño.

Serían como las cuatro de la mañana cuando siento que me están moviendo la cama. Las cortinas cubren todas las ventanas y la obscuridad es completa. Mis sentidos se agudizan y un aliento muy cercano se me impregna en el cuerpo. Tiene que ser Carmencita. "¡Carmen!", grito. Me volteo en la cama y veo a mi esposa profundamente dormida. Doy un giro y extiendo la mano hacia donde percibo el aliento. Sea quien sea, decido confrontarlo. Esta vez no hay abanico. Mi mano tropieza con una carne fría y sólida y vuelvo a gritar con más energía: "¡Carmen!". Al instante un llanto de niño me devuelve la tranquilidad. Lo toco, lo cargo y me doy cuenta de que es Lucas, el mayor de los niños. Se había despertado y al reconocer la casa de sus abuelos, fue a nuestro cuarto a buscarnos. Entre risas y burlas mi esposa y yo volvimos a conciliar el sueño, pero confieso haberme sentido decepcionado… mi abuelo no había regresado.

Haciendo memoria ante este hecho ocurrente, recuerdo otras apariciones en la familia. Resulta que mi madre se quejaba conmigo de las continuas llamadas por teléfono que recibía de la viuda de mi tío Bebo para informarle que su difunto marido se le aparecía todas las noches en su habitación. Estando una vez visitándola, llamó la tía con su habitual queja. Le porfiaba que Bebo estaba al pie de la cama peleándole, a lo cual mi madre con mucha parsimonia le dijo, "Ay, Dora, Bebo está muerto y además… tú sabes perfectamente que él no maneja de noche".

Atando cabos, creo que es muy factible que mi madre tuviera cierta conexión con la lógica de los espíritus. Era fácil de entender: si tenía sombrero de yarey, era alto y vestía ropa de campo, tenía que ser mi abuelo; si le peleaba a la tía, podría ser Bebo, pero nunca por la noche, ya que había dejado de manejar.

MI ABUELA YEYA

Era bajita, caminaba un poco encorvada, usaba espejuelos, tenía el pelo blanco. Podría ser la descripción de una abuela sui generis si no le añadiésemos más características, pero mi abuela Yeya era mucho más. Desde mi primer recuerdo abuela Yeya era el centro del hogar. Ocupaba el último cuarto de la casa, al lado del que compartíamos mi hermano Godín y yo. Un escaparate gigantesco dominaba la habitación. Me encantaba abrirlo aprovechando cualquier momento en que nadie se acercaba. La ropa colgada en percheros, gavetas, zapatos, un machete, una cesta de jai alai, llaves que no se usaban, un bastón, algunos centavos, y una que otra fotografía gris y olvidada.

Abuela tuvo dos primeros partos difíciles y los bebés no pudieron sobrevivir mucho tiempo. A los dos les pusieron el nombre de Godofredo como su esposo. El tercer parto fue perfecto y el bebé vivió por muchos años. Le volvieron a poner Godofredo, con el segundo nombre de Pío. Con el transcurso del tiempo resultó ser muy aventajado en los estudios y para que pudiera entrar a temprana edad en el ingreso de bachillerato le cambiaron el certificado de nacimiento por el segundo de los hijos que llevaba el nombre de Godofredo Fortunato. Ese fue el segundo nombre que lo acompañó toda su vida en los certificados y diplomas; pero sigamos con la abuela...

Abuela era un centinela. Patrullaba por toda la casa constantemente como un guardia de reconocimiento en infinitas rondas, atendía la puerta vigilante de quien entrara y por las tardes abría las puertas del balcón que daba a la calle y se paraba a saludar a los vecinos y a cualquier transeúnte que conociera. Teníamos que estar atentos porque en cualquier momento invitaba a la casa a quien se le antojara. Su fortaleza física era impresionante a su avanzada edad, no así su mente que poco a poco se fue deteriorando hasta el punto de confundir nombres y vínculos familiares. A mi hermano Godín comenzó a llamarle Aurelio, sin saber nosotros por qué su mente había escogido ese nombre. Llegó a creerse que yo era su hijo y decía que mi padre era un señor muy bueno de unas nalgas enormes que nos protegía y nos brindaba su casa. Recuerdo nítidamente una vez que mi padre me amonestaba por algo que había hecho mal y mi abuela me hacía señas de que no le contestara y me decía bajito: "Cállate, que nos botan..."

Abuela Yeya vivía obsesionada conmigo. Cuando no estaba en la casa preguntaba por mí repetidas veces en una letanía infinita "¿Dónde está Eduardo?". Mamá y Marta Bolaños, la criada por años de mi casa que sin duda era parte de nuestra familia, se turnaban en contestarle.

El primer indicio de que las cosas no iban bien en su cabeza fue en un viaje en tren que hicimos para La Habana. Mi padre escogió un salón con dos literas y a mí me designaron la alta. Abuela se pasó toda la noche protestando porque me habían acostado en el techo del vagón. De ahí en adelante todo comenzó a cambiar en su cabeza menos su amor por la familia y su sentido del humor. Cuando era pequeño no me podía dormir sin que ella me acompañara y ahí estaba ella sentada cerca de mí esperando que yo me durmiera para poder irse a la sala. Yo la engañaba haciéndome el dormido y entre ojos veía como sigilosamente se levantaba y se alejaba en puntillitas. Entonces le gritaba "¡Abuelaaa!" y me divertía mucho como peleaba y regresaba a su puesto de vigilancia hasta que de verdad me dormía.

Era simpática, dicharachera y suelta con el idioma. Se podría llenar todo un libro con sus ocurrencias, casi todas cargadas de un toque al estilo de nuestro famoso humorista Álvarez Guedes. Muchos momentos tragicómicos nos hacía pasar, como el de su amiga Amparo, a la cual abuela siempre se refería en la intimidad de la casa con el adjetivo de "la puñetera". Mi hermana Myriam tendría unos siete u ocho años y al encontrase un día con Amparo en la puerta de la casa anunció a todo grito: "Abuela, aquí está la puñetera Amparo". Es bueno aclarar que esa palabra ella la usaba con un sentido muy peculiar y lo aplicaba a cualquier persona, cosa o entidad sin ninguna diferencia. Una vez se paró sin ningún motivo en frente de una estatua que teníamos en la casa de la Virgen del Carmen, la miró, se aló los pelos de la cabeza y le dijo: "Virgen de los Desamparados, ¿qué daño te habré hecho yo a tí, puñetera"?

No puedo pasar por alto la aversión que le tenía a un pobre hombre que venía todos los días a buscar el salcocho de la cocina, que era un pobre negro retrasado mental que no se bañaba con frecuencia y destilaba un olor muy desagradable. Tan pronto llegaba a casa, abuela se tapaba la nariz y lo seguía de cerca por todo el pasillo que conducía a la cocina regresando con él sin quitarse por un instante los dedos de la nariz. Yo para verla le decía que el negro me había dicho que la próxima vez que viniera le iba a dar un beso. Era para morirse de la risa las cosas que me contestaba.

Abuela no contaba historias porque la memoria la había perdido. Lo único que nunca olvidó fue el nombre de su padre. Muy oronda siempre nos decía "Joaquín González de Ávila, médico militar". No sabemos si su padre era español, ni si formaba parte del ejército que peleó en la guerra en contra de los mambises. Sabemos que mi abuelo no era veterano, lo que nos hace pensar que a lo mejor por respeto a su suegro no se fue a la manigua. Tenía un hermano llamado Enrique que se casó con Pilar Allué. Tuvieron varios hijos, y uno de ellos fue el famoso compositor de *La Amorosa Guajira*, Jorge González Allué. Yo por broma le decía que ella se llamaba Regla González Allué a lo que inmediatamente y en buena forma me corregía diciéndome, "No, es Regla González García". Yo seguía insistiendo con el Allué hasta que la llevaba al punto de contestarme: "¿Allué? pues mierda pa' usted" y con ese juego nos pasábamos un buen rato.

Ya bien entrada en sus noventa años se cayó en una de sus rondas nocturnas y no pudo recuperarse más. En sus últimos días su cuarto se llenó de unas mujeres vestidas de negro que nunca había visto en mi vida que rezaban entre algunos sollozos. Unas monjitas vinieron a verla y una de ellas le ofreció un vaso de agua, a lo que abuela dijo que no. La monjita siguió insistiendo hasta que abuela abrió un poco los ojos y le dijo con una voz muy clara "¡Que no quiero, coño!"

Creo que esas fueron sus últimas palabras. Fuimos a pie al cementerio. Por primera y única vez en mi vida vi llorar a mi Padre. Lloramos los dos juntos. A los pocos días papá decidió cerrar la casa e irnos todos a Cayo Guajaba por varias semanas. La energía de mi abuela se sentía en toda la casa y queríamos que descansara. Era el mes de junio. Faltaba poco para el San Juan.

Han pasado muchos años y han sido innumerables mis noches de vigilia. Su recuerdo me ha acompañado siempre y me parece verla sentada en la cama de mi hermano como solía hacer en aquellas noches tan lejanas esperando en silencio con una sonrisa en los labios.

DE MURCIÉLAGOS, MOSQUITEROS, RANAS Y RATONES

Mis hijos me miran incrédulos. "Estás exagerando, eso no puede ser verdad", me dice mi hija mayor. Mis otros dos hijos ni siquiera hacen comentarios. Se ríen y me ponen cara de "las cosas que inventa el viejo". Admito que después de contarles con exactitud pasajes de mi niñez en Camagüey, me he puesto a pensar que a lo mejor lo leí en *Cien Años de Soledad* o en cualquier otro libro de realismo mágico. Por supuesto que de inmediato rechazo esta posibilidad, porque si de algo estoy seguro es de que todavía no he perdido la razón.

Sucede que un día conversando con ellos de las cenas en mi casa de Camagüey, cándidamente les narro la risa que nos dio a todos una noche en que mi abuela *Mamabana* —llamada así por ser la abuela que vivía en La Habana— le preguntó a mi hermana que por qué traía en la cabeza ese lazo negro que nunca le había visto. Mi hermana extrañada se tocó la cabeza y un murciélago salió volando. Tuve que explicarles que nosotros vivíamos a una cuadra de la catedral y que en esos campanarios vetustos vivían infinidad de esos animalillos que salían de caza por las noches alrededor del vecindario. "Pero, ¿cómo entraban en las casas?" —me preguntó mi hija. Tuve que recordarles que muchas viviendas tenían patios interiores sin techo.

Continué entusiasmado con la narración y les conté que cuando regresaba por la noche ya para dormir, muchas veces las ranas me brincaban al pecho; las ratoneras, colocadas en lugares estratégicos, sonaban avisándome de otro ratón capturado, y para llegar hasta mi cuarto tenía que pasar por debajo de los cordeles de los mosquiteros que nos protegían de los mosquitos y del volar de los murciélagos, que aunque sabía que tenían radar y no podían chocar conmigo, siempre pensaba que alguno se me iba a posar en la cabeza como a mi hermana. "¿Mosquiteros?". Sí, todas las casas tendían mosquiteros provistos de unos cordeles que se amarraban a las puertas que daban a los pasillos de los patios. Recuerdo que un amigo me contaba que, cuando vivía con sus padres y hermanos, su cuarto era el último del pasillo lo cual resultaba una tragedia porque cada vez que llegaba con tragos se iba enredando en cada uno de los cordeles y acababa en su cama con todos los cordeles enroscados en el cuello y los gritos denostadores de la madre. Los mosquiteros principalmente nos protegían de unos zancudos despiadados que aparte del dolor de su picada y la roncha que nos dejaba, emitían un zumbido infernal como presagio de sus ataques. No había sensación más agradable que después de tener el mosquitero bien calzado por las manos amorosas de mi abuela o de mi madre, libre de cualquier contacto con el mundo exterior, oírlos zumbar impotentes pegados a la tela salvadora. De día utilizábamos el "Flit" que era un pulverizador con un olor desagradable y un buen matamoscas siempre a mano. "¿Tela metálica?" En casa no había. Creo que nos gustaba el contacto directo con la naturaleza.

—¿Qué hacían para protegerse del calor y del frío? —continuó preguntando mi hija.

—En el verano usábamos los ventiladores e íbamos a la playa, y en el invierno nos poníamos nuestros *sweaters* y nos tapábamos al acostarnos. Y ya que siguen preguntando, les cuento que nos bañábamos con agua fría de la ducha o con agua caliente en un cubo, no tomábamos agua de la pila porque no era saludable y teníamos botellones de agua purificada que nos traían regularmente.

El carbonero llegaba cada cierto tiempo con sus sacos tiznantes a dejarlos en el patio para que utilizáramos el carbón en el fogón de cocinar. No se guardaba casi nada en la cocina ni en el refrigerador porque los alimentos se compraban diariamente. El chino de la vianda pasaba todas las mañanas, el camión de "La Paloma de Castilla" nos traía el pan y las galletas, los mandados de la bodega nos los despachaban con un bicicletero, al igual que las medicinas de la farmacia. La puerta de la calle nunca se cerraba de día: se dejaba entreabierta, unida con un ganchito que se levantaba y caía para facilitar el paso a mamá o a la sirvienta para las compras usuales. La carnicería y la pescadería quedaban a media cuadra, y papá se detenía unos minutos en ellas cuando salía de la oficina para comprar lo necesario para el día. Algunas veces se iba al mercado en la Plaza de San Francisco y venía con unos pollos que se amarraban en el patio hasta que la cocinera les torcía el pescuezo, los desplumaba, los abría para quitarle las vísceras, y esa noche comíamos pollo frito o arroz con pollo.

—Todo eso lo creo, pero lo de los murciélagos, mosquiteros, ranas y ratones, no me lo puedo tragar —protestó mi hija.

—¿Sabes qué?, casi que... ni yo tampoco —le respondí sonriendo.

LA SIESTA DEL MEDIODÍA

Llevo cinco años de jubilación y, como dijera Neruda, "confieso que he vivido" estos años de sosiego. Cada cual pulsa su propia vida sin importar que lo sea a la velocidad del poeta o a la lentitud de un maestro rural, porque el vivir intensamente no obedece a ninguna regla dinámica, sino más bien a ese tiempo interior que llevamos todos. En estos cinco años me he reconciliado con las horas perdidas, con los crepúsculos, con el trinar de los pájaros que acuden a mi patio a saludarme, con las mañanas a la luz de la ventana disfrutando de la tinta del periódico, con la familia, con tomar el café con leche sin apuro, con el largo almuerzo con el amigo y con la siesta del mediodía.

Hace mucho tiempo en una ciudad perdida de muchas iglesias, tinajones y callejuelas laberínticas, las familias almorzaban juntas oyendo a Don Pancho y Azteca, y dormían la siesta con la ventana del cuarto medio abierta y el ventilador encendido. La vecina de al lado practicaba sus clases de piano, los perros callejeros ladraban con sordina y los pregoneros entonaban sutilmente su mercancía. Eran tiempos de quietud.

Mis hermanos y yo nos acostábamos un rato con nuestros padres y después de reírnos y burlarnos unos de otros, nos retirábamos a nuestras habitaciones. Yo repasaba la lección que tenía que recitar en la escuela en la primera clase vespertina porque el fallo de ésta significaba castigo en forma de lo que llamábamos "salón" y el impedimento de practicar baloncesto que a mis doce años era la pasión de mi vida. No dormía la siesta por decisión propia, pero el solo hecho de poder hacerlo, si quería, bastaba para confortarme. Mis padres y mis hermanos dormían una hora. Recuerdo que mi hermano se ponía una almohada sobre la cara y mi abuela Yeya caminaba por los pasillos como un buen sargento para que todo estuviera en orden. Pasada la siesta, papá se iba con mi hermana a la oficina, mi hermano a su trabajo de visitador médico, y yo caminaba hacia la calle Independencia a tomar la "Vigía Granja" que me llevaba a la escuela. En la casa quedaban mi madre, mi abuela y las dos criadas, disfrutando de la serenidad de la tarde.

"Nadie se baña en las aguas del mismo río dos veces", dijo el filósofo. Es cierto, todo cambia menos la esencia ontológica. Somos los mismos de aquellos mediodías y veranos interminables de sombra, hamaca y fresco del mar de San Jacinto o de Tarafa. Los mismos que nos parábamos en la Esquina del Gallo, comíamos el *frozen* de chocolate en "La Norma" o el bocadito de pasta de jamón y fresa de la "Cafetería Lavernia", solo que fuimos arrancados de raíz de nuestro patio y sembrados en otros jardines donde nos hemos multiplicado en bosques diversos que llevan nuestros apellidos pero no sienten el mismo idioma ni tienen la continuidad de la provincia.

Este es un gran país que nos acogió con respeto, nos ofreció su cultura del trabajo y cambió nuestro sueño de siesta por el llamado "sueño americano" que consiste, entre otras cosas, en jornadas ininterrumpidas de trabajo donde el almuerzo familiar se sustituye por el *lunch* traído en un cartuchito que se despacha en quince minutos para continuar trabajando; nos modificó el concepto del hidalgo español que no trabajaba por no mancharse las manos, y nos condujo tempranamente a limpiar pisos, lavar platos en restaurantes, cambiar sábanas de orine en los hospitales y recoger tomates cerca de los *Everglades*.

Gracias a muchos años de esfuerzo logramos adaptarnos al sistema y alcanzamos finalmente nuestro sitio en la sociedad americana, felices por el deber cumplido, pero sin haber comprendido qué habíamos hecho con nuestras vidas. ¿Adónde se habían ido estos años? Por eso, lo primero que hice cuando me llegó la jubilación fue poner el despertador a la misma hora de siempre, dejar que sonara por un buen rato para después apagarlo con mucha delicadeza y mirar cómo las manecillas del reloj se movían lentamente y yo seguía acostado en la cama sin hacer nada que no fuera meditar en los días grandiosos que me esperaban. No tener que reportar a alguien —porque siempre existe ese alguien— es más que suficiente para sentirse libre y emprender la recuperación del tiempo perdido, como si la vida fuera ahora unas interminables vacaciones de verano, donde todos los días son sábados, con la excepción del domingo en que tenemos que ir a misa y el periódico nos llega exageradamente abultado, y reencontrarse con la siesta del mediodía, tan venerada por nuestros padres. Dejarse caer en el sofá con la lectura del día, que poco a poco se nos vayan cerrando los ojos, que el libro se nos escape de las manos y que las horas silenciosas vuelvan agradecidas con el perfume grato de los recuerdos de nuestra juventud.

Bienvenido sea este descanso sagrado donde se hace fácil evocar aquella vida que dejamos atrás cuando éramos los nietos de nuestros abuelos y nuestros padres nos llamaban a la cama a disfrutar de aquella perdida y dulce siesta del mediodía.

AQUELLOS DOMINGOS CAMAGÜEYANOS

Íbamos a misa a la Catedral. El Padre Basulto era el párroco. Tengo en la mente tres imágenes muy claras de este cura bajito y simpático que los años no han podido borrar. Lo veo en el púlpito ofreciendo la homilía, en el confesionario no dejándome acabar de contarle mis faltas: "Esos no son pecados, vete tranquilo", y tocándome la cabeza con la cesta de la colecta cuando recogía los diezmos dominicales. Esto siempre lo hacía, y yo ansioso le acercaba mi cabeza.

El colegio de los Hermanos Maristas, al cual asistía desde el segundo grado, asignaba a distintos hermanos a diferentes iglesias y a determinadas horas para entregar un tícket de asistencia a los alumnos. Si no podíamos asistir a esa misa específica, existía la posibilidad de que el Padre Basulto te diera una especie de comprobante. El lunes, en la clase de catecismo, se recogían los tíckets. Muchas veces el Hermano tenía dudas de su autenticidad y nos hacía preguntas como cuál era el color de la sotana del cura o de qué trataba el evangelio. Por supuesto que todos estábamos preparados para saber las respuestas aunque no hubiéramos ido a misa.

Marta Bolaños Lima, la criada, cocinera, manejadora, costurera, aprendiz de trompeta, novia de Mendive el director de la Banda Municipal, consejera de mi madre, vigilante de mi abuela senil, y tantas cosas más…, cocinaba un fabuloso arroz con pollo que debía estar listo con la última campanada de la Catedral llamando a los feligreses. No había hora para comer. No se sabía cuántos ni quiénes iban a ser los comensales. No había invitaciones ni se tocaba a la puerta. Existía un ganchito que se levantaba con un dedo y permitía la entrada a la casa de las amistades que sabían que en los domingos siempre había arroz con pollo. En el radio Phillips holandés se escuchaba a la CMQ a las doce del día en " La Pausa que Refresca" con la Orquesta Riverside de Pedro Vila, Peruchín en el piano (Piano dc Oriente) y Tito Gómez deleitándonos con su Vereda Tropical. La gente iba y venía, entraba y salía sin más explicaciones, y el arroz con pollo tal parecía que se multiplicaba como el milagro de los panes y los peces.

No recuerdo cuándo fue exactamente que se perdió esta costumbre. A lo mejor Marta protestó de tener que retorcerle el cuello y desplumar a tanta gallina y mi madre la complació como hacía regularmente. Es posible que la renovación del viejo edificio del Tennis con la creación del campo de softball y las canchas de squash y baloncesto produjeran una emigración de la juventud que llevó a mis padres a suspenderla y se fueran al Club de Cazadores o a San Jacinto a disfrutar de los arroces en casa de Mago Quevedo. Marta Bolaños fue sustituida por papá en la cocina con la siempre servicial Úrsula, a la que constantemente llamaban para cualquier cosa insignificante con el grito de ¡Úrsuliiiiina…!

Esta costumbre de los arroces dominicales era común en todas las casas, en los clubs y en los restaurantes donde no hacía falta el menú. Resultó imposible no llevar esta tradición con nosotros al exilio viviendo en Ohio, ya sin Marta Bolaños, ni Úrsula, ni tantos amigos. Mis padres con mi abuela, mis suegros, mi hermano con su familia, y yo con la mía vivíamos todos a pocas cuadras de distancia y después de asistir a misa nos reuníamos en casa de mis padres alrededor de la olla del arroz con pollo a esperar que el grano se abriera, no con el radio de la CMQ ni la orquesta Riverside, sino con los discos de música cubana de Olga Guillot y Benny Moré que habíamos comprado en nuestro último viaje a Miami. La escena reflejaba la misma celebración; sin embargo, era distinto el maquillaje de los actores, distintos los cuadros, abrigos colgados en una percha y a través de la ventana se observaba la calle cubierta de nieve, pero no importaba, la familia estaba casi completa, ya que la única que faltaba era mi hermana Myriam que se encontraba en Brasil.

Recuerdo que mi abuela Mamabana un domingo me confesó, "Debo de estar volviéndome loca porque acabo de ver pasar, a través de la ventana, un coche con caballos, y sé que ya no existen". Quizás abuela se trasladó a un domingo de familia en que sus abuelos venían a visitar a sus padres. Se veía tranquila y en sus labios se esbozaba una sonrisa dulce. Estoy convencido de que los domingos de familia retornan no como lo pensaban los grandes filósofos como Nietzsche en su *Así Habló Zaratustra* o Borges, el grande de la literatura, en su *El tiempo circular,* sino como lo sintió el poeta Antonio Machado en sus *Soledades.* Es ese tiempo interior del poeta el que nos lleva de la mano a eternizar los instantes maravillosos de nuestro peregrinaje por esta vida.

LAS ORQUESTAS DE ENTONCES

En Camagüey siempre hubo buenas orquestas. Mucho que bailé con todas ellas, desde la de Joaquín Mendivel hasta la Tridimensional, pasando por la de Jorge González Allué, la de Vitico González, la de Angelito Mola, y dos más fundadas por Jorge Hernández.

Joaquín Mendivel era el director de la Orquesta Municipal que daba las retretas dominicales en el Parque Agramonte, y Joaquín el novio de la criada de casa que era como de la familia, quería que ella se adentrara en la música y le consiguió una trompeta para que practicara, con lo que nos atormentaba todas las tardes con el himno nacional.

La Tridimensional, con su tridiconga, el cha-cha-chá del Tennis Club y Rigoberto Pesca la Trucha, fue la que nos dijo adiós. El que tocaba la batería que era un negro grande, gordo y muy simpático, al que le apodaban "Tanganika" se hizo muy popular en la barra del Tennis cuando sonaba los tambores y preguntaba en forma melódica "¿Y qués lo que pasa ahí, y qués lo que pasa ahí? Te venimos observando, te venimos observando y tu actitud es... ¡SOSPECHOSA!" El cantante era un mulato al que le decían Pipo y que cantaba también con un trío llamado Los Zafiros; un guitarrista llamado Luis y otro cuyo nombre se me ha escapado de la memoria.

Jorge González Allué, el creador de La Amorosa Guajira, era primo de mi padre, lo que me proporcionaba pedirle que me complaciera con mis canciones favoritas. Casi siempre tocaba en El Morocco, la antigua bolera de Faíco Loret de Mola, aunque algunas veces tocaba en los club sociales. La orquesta de Vitico González era una de las más antiguas y era muy popular. Angelito Mola también amenizaba las fiestas de sociedad. En Camagüey existía una ley laboral que implicaba contratar también a una orquesta local cuando se traía a una orquesta de La Habana. Las dos orquestas alternaban en el salón y la música no paraba nunca para beneplácito de las parejas bailadoras. Succdió que en un baile de gala, de presentación de sociedad en el Tennis, habían contratado a la afamada orquesta de Ernesto Duarte con el cuarteto de Carlos de Faxas y nada menos que con Omara Portuondo. En un momento dado la orquesta de Angelito se extralimitó en el tiempo y los bailadores comenzaron a impacientarse. No sabíamos cómo decirle al bueno de Angelito que su turno ya había expirado y que le estaba robando tiempo a la de Duarte. En eso, un conocido abogado se acercó con mucho respeto a Angelito. El músico muy agradecido pensó que le iba a pedir una canción y se apresuró a escucharle. Cuál no fue su sorpresa y la risa de los que estábamos cerca cuando el abogado le dijo "Angelito, sé breve". No estoy seguro si volvió a tocar.

Jorge Hernández venía de una familia musical. Sus dos hermanas cantaban y él tocaba varios instrumentos, entre ellos el piano y el saxofón. Recuerdo una vez oyendo misa en la Catedral me sorprendió oír en el órgano una canción americana que estaba de moda. Era Jorge que estaba substituyendo al organista oficial. Jorge fundó dos orquestas, una era un pequeño grupo que tocaba canciones al estilo de Los Chavales de España y la otra era una orquesta más completa donde tocaba el saxofón. Más adelante viajó a Los Estados Unidos y no regresó. Llegó a ser por un tiempo el arreglista de las King Sisters, y estando de gira por Columbus, Ohio a finales de los sesenta, un grupo de camagüeyanos exiliados en esa ciudad, nos enteramos de que estaba actuando en un teatro y lo convidamos a un puerco asado en casa de Eugenio González y Mauricio Montejo. Esa noche fue inolvidable, llena de recuerdos y amistad en un guitarreo maravilloso entre mi hermano Godín y él.

Mucho ha evolucionado la música y los conjuntos musicales desde que nos tuvimos que marchar al exilio. De aquellas orquestas que tocaban el bolero, la guaracha, el son y el cha-cha-chá pasamos al rock and roll, al twist, y ahora al reggaetón. Volver a escuchar un disco de bolero o guaracha tocada por la Tridimensional, sería un milagro. Un amigo me contaba que tenía guardado como un tesoro un disco de esa orquesta y en un momento de locura se lo prestó a un amigo suyo con la promesa de devolvérselo. Pasó algún tiempo y decidió recordárselo varias veces. Todo fue en vano, nunca se le fue devuelto. Hace poco se encontró con la viuda y volvió a preguntarle por el disco sin suerte alguna. Me dio mucha pena, pero pensándolo bien, no culpo a la viuda porque si a mí me lo hubiera prestado tampoco se lo hubiera devuelto.

LOS CINES DE ENTONCES

En el Camagüey de los años cincuenta existían varias salas de cine a un precio módico para la época y sobre todo para la cantidad de material de celuloide que nos facilitaban. El Teatro Principal, por ejemplo, ofrecía dos películas, un noticiero mundial y otro nacional, avances, cartones, cortometrajes de Chicharito y Sopeira o de Los Tres Chiflados, y un flamante show en la matiné del domingo. La entrada costaba desde cinco centavos en el Cine Apolo, teatro de dudosa moralidad, hasta cuarenta centavos en esas matinés de lujo.

No solamente se iba al cine a disfrutar de las películas y de las matinés. Conozco el caso del abuelo de un amigo mío que iba todos los mediodías al teatro Avellaneda a dormir la siesta con tranquilidad ya que en su casa no podía hacerlo por las constantes visitas. También muchas veces se utilizaba como santuario para citarse con una novia oculta o tener encuentros con una amante ocasional para furtivos devaneos amorosos.

El cine le ofrecía una oportunidad a críticos frustrados y comentadores anónimos que de otra manera no hubieran podido expresar sus agudas observaciones. Era muy común, en un momento romántico donde el galán besaba apasionadamente a su dama, escuchar exclamaciones alentadoras para que los actores avanzaran con sus desmanes corporales. En las películas musicales, siempre que la pareja iniciaba un canto, los "críticos de cine" se quejaban violentamente para que se cortara la escena y dejaban oír sus voces de protesta con exclamaciones como: "Otra vez, NO, ¡..ñó!". En las películas de misterio, casi siempre en el momento de mayor tensión, se oía un grito jocoso de los comentadores que recordaba al público que no estaba en presencia de la realidad, que podía relajarse y reírse de la situación macabra.

Existían juegos en que casi todos participábamos, como el de la botella de Coca Cola. Se dejaba correr la botella por todo el cine y cuando llegaba a la primera fila, un designado "terrorista" la hacía estallar con todas sus fuerzas.

Los grupos de muchachas, acompañadas por una chaperona vigilante, ocupaban a veces toda una fila de la sala. Nosotros nos sentábamos en la fila de atrás procurando coincidir en línea recta con la preferida de nuestros amores de ese verano, con el objeto de entablar prolongados susurros con la cabeza inclinada, facilitándonos el tenue roce de los cabellos, lo cual, gracias a la complicidad de la oscuridad, pasaba inadvertido a los ojos inquisidores de la chaperona.

Son muchas las anécdotas que me vienen a la mente, como la de mi amigo del Parque Agramonte, Ceferino, que gritó: "¡Fuegooo!" en el Teatro América, y el cine se vació en unos segundos. Cuando pregunté por qué lo había hecho, alguien me dijo: "Creo que no le gustaba la película". El acomodador del cine Casablanca, al cual apodábamos "El Enano", nos botaba de la sala todos los sábados aunque no hubiéramos hecho nada. Creo que fue un vivo ejemplo de la "policía del pensamiento" que popularizara George Orwell con su novela *1984*. También hubo un valiosísimo actor, muy amigo de mi padre, que no pudo terminar su actuación estelar en una obra de teatro porque en una escena en la cual personificaba a un príncipe desdeñado por su princesa, tenía una línea en que sollozando se preguntaba: "¿Y por qué no me quiere la princesa?", y el comentador del "gallinero" le contestó rápidamente: "¡Porque eres mariquitaaa!".

Creo que podría seguir narrando muchísimas más anécdotas, como la de los silenciosos murciélagos que desafiaban el "aire renovado" del Teatro Principal y revoloteaban por la sala en el momento más emocionante de la película, o el comentador que había visto la película varias veces y, no pudiéndose aguantar, gritaba el nombre del asesino que nadie podía identificar..., pero le dejo al lector de mi época que busque en su memoria las que no han sido señaladas en esta crónica y me las deje saber para comentarlas quizás en otra ocasión.

LAS PELEAS DE ENTONCES

"Dame tú primero" era la invitación que generosamente le brindábamos a nuestro contrincante cuando estábamos en Primaria para iniciar una pelea. Era un gesto de hidalgo, de caballero andante. Así debían de haberse fajado Leonardo Moncada y cualquiera de los Tres Villalobos cuando eran pequeños. Esa era la norma para que no se nos acusase de jugar sucio. Claro que casi siempre lo hacíamos cuando estábamos seguros de que podíamos vencer, porque recibir un buen primer sopapo de un grandulón era para llorar un buen rato y quedarnos con la mandíbula partida o un ojo hinchado. ¿Por qué nos peleábamos? Casi siempre por motivos que creíamos importantísimos como un empujón en la cola del bebedero, el manotazo que nos tumbó los libros de las manos, el apodo que nos molestaba, o la insidia de un compañero que nos ponía mal con otro solamente para ver quién ganaba. Negarse a una pelea era adquirir la etiqueta de cobarde y abrirle las puertas a cualquier compañero para que se burlara de uno. Si lo acusabas con el maestro era peor porque adquirirías fama de "chivato".

Las broncas tenían generalmente lugar en los recreos del colegio o en la salida del mismo. Tenían que ser breves, casi a primera sangre, porque había que evitar la llegada de los maestros para que no nos castigaran. No había nada más humillante que estar parado debajo de una mata o de una columna por dos horas frente al sol, con la cara hinchada. Generalmente en cada clase había un guapetón corpulento, mal atleta y pésimo estudiante que sentía una necesidad urgente de hacerse notar, de sobresalir en algo, y aplicaba toda su energía en avasallar a sus compañeros. Existían también las broncas del barrio, las callejeras. Estas eran más riesgosas porque podrían suceder a cualquier hora en que no hubiera una persona mayor alrededor que pudiera separar y terminar el sufrimiento.

Crecimos sin darnos cuenta, alejándonos de estas broncas inocentes y zambulléndonos de cabeza en la adolescencia, sólo para enfrentarnos a otro tipo de pelea mucho más peligrosa: la bronca del bar. El escenario de la barra y las mesas ocuparon el lugar del patio de la escuela y la esquina del barrio. El consumo de ron, el fortalecimiento de los nudillos y la influencia de las películas del oeste hicieron de nuestro Camagüey una ciudad como la del famoso "OK Corral" en Arizona. Bastaba que alguien te mirara de mala cara para que la cerveza comenzara a darte vueltas en el estómago presagiando el ciclón que se avecinaba.

Recuerdo que una noche estábamos en un bar de dudosa reputación mi amigo Adolfo y yo, disfrutando de los boleros de Ñico Membiela, en plena armonía con las estrellas, cuando de repente un hombre corpulento se nos acercó y sin muchas explicaciones nos dijo que no le gustaba la presencia de dos *pepillones* en ese bar y que había decidido darnos dos galletas para que no se nos ocurriera regresar nunca. No era una advertencia, era una sentencia de muerte que se iba a ejecutar en unos minutos. Adolfo y yo no encontramos palabras para salir del atolladero y, casi al aceptar nuestra sentencia, descubrí en sus ojos una cara familiar de mi niñez: la persona que tenía frente a mí había sido un *pitcher* estelar del equipo amateur del Cromo, a quien evidentemente el béisbol había dejado muchos años atrás. Respiré profundo y le dije que lo conocía, que había sido mi ídolo de pequeño, que mi padre me llevaba a ver los juegos al Estadio Guarina, y que yo me acordaba que era un lanzador zurdo con una curva tremenda... y surgió el milagro de la multiplicación de las cervezas en nuestra mesa por invitación del *pitcher*, y abrazos acompañados con lágrimas de añoranza y quizás de remordimiento.

La sociedad camagüeyana de esa época también se adentró en este estilo de vida y produjo una especie de banda de pelea sofisticada conocida como los "Dalton Boys". Estos muchachones eran en su mayoría hijos de hacendados que venían al pueblo los fines de semana y traían en su ropa y en los nudillos a todos los John Waynes, Hopalong Cassidys y Roy Rogers que habían visto en los cines, necesitando ventilar toda esa fuerza telúrica en los infelices marchantes que frecuentaban los bares. Bastaba cualquier pretexto para que volaran las sillas y se rompieran botellas.

Con el arribo de la madurez, las peleas cesaron. El país entero tomó otro rumbo y el éxodo comenzó. Las leyes de este país con las demandas por agresión física, los famosos *suits*, definitivamente les cerraron cualquier intento de renovarlas.

Hoy, a más de medio siglo de aquellas peleas legendarias, me he vuelto a tropezar con algunos miembros de aquella banda en nuestros *picnics* municipales. Ya con los cabellos blancos, los ademanes refinados y el andar mucho más lento, resulta difícil evocar aquellas escenas del oeste americano que los tuvieron de protagonistas, pero con la caída de la tarde y la conversación más íntima, finalmente asoman en las pupilas cansadas los contornos de las sombras de aquellos "gladiadores" cuyas pintorescas batallas he vuelto a recrear con nostalgia y casi me han llevado de la mano para escribir estas líneas.

CUANDO JUGÁBAMOS SOFTBALL

Como todos los domingos a temprana hora, "la del alba sería", íbamos llegando al terreno de *softball* de nuestro querido Camagüey Tennis Club con el guante en la mano y dispuestos a sumergirnos en un pitén (dicen que la palabra "pitén" venía del inglés "*Pick ten*") cargado de risas y amistad, aunque sin abandonar por un instante la pasión que nos obligaba a lanzarnos de cabeza a las bases o a estrellarnos en la yerba para atrapar una pelota a cordón de zapato. Quizás lo más importante sucedía después de estos encuentros cuando nos íbamos a refrescar a la piscina o a las dos barras del club donde discutíamos el juego y ordenábamos desde el comedor de la terraza el tradicional arroz con pollo dominical.

Los equipos se formaban nombrando a dos capitanes que escogían (pedían) a los jugadores hasta completar diez por cada team. Si llegabas tarde, era muy posible que no pudieras jugar aunque fueras el mismísimo Mickey Mantle y por supuesto, si llegabas a buena hora, aunque jugaras al nivel del short stop de las Hermanas Oblatas, tenías un buen chance de engancharte en uno de los equipos. Recuerdo a un amigo muy simpático que era un *out* vestido de pelotero que no hacía más que contar a los presentes mientras nos pasábamos la pelota para ir calentando el brazo, y tan pronto sumaban 15 o 16 gritaba: "Pidan ya, por favor, que se nos va la mañana".

Son muchos los recuerdos de aquellas batallas deportivas y acuden a mi mente atropelladamente aquellos apodos de personajes pintorescos como Pata 'e plancha, Bizco Maldito, Sopimpa, Revolución, Nashua, Horchata, Piripiti, Miseria, Abeja Tejedora del Brasil, Cuchara, y tantos más... Las jugadas más espectaculares como la de Quiquín Pichardo que jugaba *center field* y, después de un tira a tira interminable logró sacar *out* al pelotero que venía corriendo desde la primera base, nada menos que en el *home plate*, o aquella del choque espectacular de Vilo Gutiérrez corriendo contra una palma para capturar un *fly* en la zona de *foul*. Todos los jugadores, incluyendo los espectadores, se precipitaron inmediatamente para ver el daño causado a la palma, dejando a un lado a Vilo adolorido y sorprendido.

A estos "piténs" les sucedieron campeonatos organizados donde nos dividíamos en cuatro equipos, siendo el llamado "Los Pericos" el ganador, dirigido por "el Jockey Masjuán". Todo era fiesta y jarana hasta que se acordó elegir solamente dos equipos llamados por su importancia A y B, que representarían a nuestro club en competencias formales contra otras sociedades. Aquí vino el descalabro. No podíamos jugar todos. De repente se establecía una clase privilegiada con uniformes relampagueantes y el resto, los marginados, relegados a basura, a nada más. Se necesitaba un líder, alguien que nos orientara y nos condujera como Moisés a la tierra prometida o al regreso a los "piténs".

En las tertulias de Rancho Chico, alejadas del bullicio del club y protegidas por la complicidad de las altas horas de la noche, apareció nuestro hombre en la figura gallarda del "Trinquete de la Plaza de San Francisco", Justo Legido. Justico concibió la brillante idea de agrupar a todos los que habían sido barridos por la escoba arrolladora del flamante nuevo coach, Otto Lavernia, en una agrupación llamada "La Liga de la Escoba". Domingo Pichardo se le unió en el liderazgo y rápidamente se confeccionaron los estatutos y las reglas inquebrantables de la nueva organización. Entre los acuerdos más notables figuraban estos:

1. Se garantiza el título de propiedad de por vida sobre las posiciones (*line up*) del equipo a los miembros elegidos. Nadie podrá ser removido bajo ningún pretexto de su base. Se nombrarán jugadores suplentes o emergentes que podrán ejercer temporalmente dichas posiciones en caso de enfermedad o vacaciones de los titulares.

2. Los uniformes consistirán en *pullovers* de colores: verde para los outfielders y carmelita para los del cuadro, con idea de que se confundan con el terreno.

3. La Liga de la Escoba constatará juegos y campeonatos con otras entidades no especificadas y podrá disponer también del terreno del club para dichos encuentros.

La Liga de la Escoba alcanzó un completo éxito. La mezcla de hacer el deporte en un marco de seguridad, sin presión de no cometer errores o temor a poncharse, fue un gran acierto. Muchos más fanáticos acudieron a sus juegos que a los de las ligas A y B. Había sido una batalla ganada para los desposeídos del talento deportivo, pero ricos en imaginación. Las charlas en la piscina y en las barras se multiplicaron y el club rebozó de alegría con inolvidables domingos de "Igualdad, Libertad y Fraternidad".

LAS REUNIONES SOCIALES

Siempre que se habla de Camagüey se mencionan los tinajones, las iglesias y las mujeres más bellas de Cuba, al menos, eso lo repetía Don Pancho todos los días al mediodía a través de la emisora CMJK que se oía en toda la ciudad. Quizás debiéramos añadir los clubs sociales, esos lugares donde se reúnen personas a compartir intereses comunes. Los camagüeyanos no vivían dentro del tinajón, les gustaba la calle, los amigos, cualquier techo que les brindara dos sillas para conversar. Se reunían en todas partes, desde la esquina de una calle o un banco de parque hasta en sociedades como El Atlético, El Ferroviario, La Popular, El Tennis, El Liceo, La Liga, El Country, El Club de Cazadores, Los Amigos del Mar, El Club de Detallistas (Arroyón), El Círculo de Profesionales, Maceo y Victoria, por decir las que me acuerdo. Además de estos clubs sociales estaban las logias, los clubs de Rotarios y de Leones, la Acción Cívica, los gimnasios como el de Supermán y el de Calvo, y billares públicos por toda la ciudad.

Las logias, aunque ya habían perdido el encanto de la conspiración con la llegada de la Independencia, algunas funcionaban para beneplácito de los hermanos masones que seguían sus tradiciones. Los Rotarios, los Leones y Acción Cívica, eran organizaciones cívicas integradas por personas de bien que se reunían frecuentemente en sendos almuerzos para organizar y propiciar muchas obras benéficas. De los gimnasios confieso que no sé mucho ya que las pesas y las argollas nunca me atrajeron. Al que iba con cierta frecuencia era al de Ángel Calvo, mi coach de baloncesto. Este gimnasio era muy peculiar. Era pequeño y constaba de una salita donde había unos balances para conversar y leer el periódico, una mesa de billar, y un patio de arcilla pequeño con dos canastas donde practicábamos baloncesto. Sospecho que en algún momento se levantaban pesas pero jamás vi a nadie hacerlo.

El club social era el lugar donde siempre encontrabas al amigo. Para la juventud, los preferidos eran los que brindaban deportes como el baloncesto. Los más populares eran el Ferroviario, el Tennis, el Atlético y la Popular.

Las personas mayores preferían El Club de Profesionales situado en Estrada Palma frente a La Cebada donde principalmente los médicos, dentistas, abogados, farmacéuticos e ingenieros se reunían a jugar a las cartas o al dominó. Recuerdo a un mendigo mudo que merodeaba por esa calle al cual el dentista Raúl del Pino le enseñó a gritar dos sílabas que sonaban como pa y to. Raúl le daba una peseta y le señalaba a cualquier doctor que llegaba al Círculo y el mudito se le paraba enfrente, lo señalaba con el dedo y le gritaba "pa-to".

Los veteranos de la Guerra de Independencia se sentaban en el portal de La Liga a recordar su lucha en contra de España y tenían que soportar las bromas de los jóvenes que pasaban corriendo y les gritaban "los viejos de la liga, tienen barriga".

Los ganaderos y colonos preferían El Liceo, frente al Parque Agramonte, donde hacían sus compraventas de ganado y se jugaba al póker. Dicen que el Loco Acosta una vez cocinó allí un arroz con pollo delicioso y al final del almuerzo les enseñó a los comensales varias cabezas de aura como prueba del ave que utilizó de ingrediente.

Los comerciantes preferían El Club de Detallistas donde podían bañarse en las claras aguas de la represa de Arroyón. Ahí se daban grandes competencias de natación. Los fanáticos del golf o del polo habían hecho su nicho en El Country que estaba ubicado por La Granja y tenía amplios terrenos para estos dos deportes. Para los que gustaban de practicar la caza, el Club de Cazadores, cerca del Country era el lugar ideal para el tiro de paloma. Los Amigos del Mar no tenía terreno sino más bien era una barra donde se jugaba a la mentirosa y se contaban las clásicas mentiras del pez enorme que en el último momento se zafó del anzuelo. Los clubs de Maceo y Victoria eran las sociedades de los negros y mulatos. Aunque en Cuba no se discriminaba por motivos de raza en la vivienda, el trabajo y la educación, todavía existía este tipo de segregación en el aspecto social.

El Tennis, que era el club al que yo asistía, tenía mucha actividad aparte del baloncesto. Se practicaba softball, squash, natación y tenis. El club tenía unas taquillas disponibles donde se podía guardar la ropa deportiva, y unas duchas modernas donde siempre estaba disponible el agua caliente. Se nos hizo la costumbre de ir todas las tardes al club a ejercitarnos en el deporte que más nos gustara y acto seguido disfrutar de las duchas. Llegó un momento en que era más importante las duchas que los deportes e íbamos al club solamente a bañarnos. Muchas veces no podías salir de las taquillas seco porque había que escaparse de las repetidas enjabonaduras que te aplicaban una vez que empezabas a secarte. Había también que vigilar el cubo de agua sucia que en cualquier momento te zumbaban por la cabeza. Una vez estaba un dentista que había tenido una infección en los pies haciéndose una verdadera *toilette* con talcos especiales cuando de repente le tiraron el cubo de agua sucia por todo el cuerpo. Sus maldiciones y gritos retumbaron en las taquillas y rebotaron por todos los rincones del club.

Los fines de semana llegábamos al club temprano por la mañana. Si era verano, la piscina estaba repleta y las tertulias se hacían en las sillas de madera que estaban colocadas a su alrededor. Se almorzaba en la terraza y por la noche no faltaba una velada artística, un baile o un guitarreo en la barra. Muchas veces resultaba difícil compaginar un recital de poesía en el salón principal con la adyacente barra. Una tarde el artista invitado estaba declamando un poema acerca de un hombre que dejó la bebida por motivos de familia y exclamaba a todo pulmón, "Ya no bebo", a lo cual le contestaron desde la barra, "Pues no sabes lo que te estás perdiendo…".

Las grandes funciones como los bailes de gala, las comparsas en el San Juan, el día del atleta, las competencias deportivas, las presentaciones de artistas o conferencistas proporcionaban temas de diversión, alegría y conversación, ya que se criticaba y se hacían chistes de todo lo que acontecía.

Con la situación política del último año de la dictadura de Batista, las fiestas se interrumpieron, solo para regresar con más alegría a principios del 59 e irse apagando poco a poco con el transcurso de los cambios políticos que estremecieron a todos, hasta que unos días después de la invasión en el 61 todos los clubs sociales se cerraron definitivamente. La soledad --no la iglesia, sino la verdadera soledad-- se apoderó en aquel entonces de nuestra ciudad.

LOS BAILES Y LAS INVITACIONES

Los bailes de mi niñez se celebraban casi siempre por el día y se les llamaban "matinée bailable", quizás con la intención de hacerlos un poco sofisticados. En este tipo de ágape, las chicas se sentaban todas en sillas plegables y los varones se concentraban en algún lugar estratégico tratando de decidir si era mejor sacar a una chica a bailar o irse al patio a tirar unas pelotas en la canasta. Muchas veces se organizaba una avanzada de chaperonas para sacarnos de la cancha de baloncesto. Estas señoras expertas en la vigilancia se sentaban en el portal continuo al salón de baile, con la mirada atentamente dirigida a los escondidos rincones para mantener la moral y el orden. Costaba mucho trabajo empezar a bailar y siempre había alguna chaperona que se desesperaba ante nuestra morosidad y nos decía con autoridad: "¡Por favor, saquen a bailar!" Recuerdo los consejos piadosos de mi madre pidiéndome que sacara a las menos favorecidas por la belleza en las primeras piezas musicales y que después bailara con las que más me gustaran. Mirándome fijamente a los ojos me preguntaba con intención de desarmarme: "¿A ti te gustaría que nadie sacara a tu hermana?"

Llegó la adolescencia y nos adentramos en las fiestas formales en las que la etiqueta social implicaba la iniciativa del hombre de invitar con antelación a su elegida. Esta regla tenía la inconveniencia de la feroz competencia por las chicas bellas. Se requería astucia y cierta rapidez para vencer a los rivales: la astucia para anticipar la fecha de la fiesta y la rapidez para ser el primero en invitar. Recuerdo que un amigo mío pudo escuchar una conversación donde se planeaba una fiesta de despedida para las muchachas que estudiaban en "el Norte" y, sin vacilar un segundo, se acercó a la chica que le gustaba y le dijo: "Creo que mañana se va a celebrar una fiesta de despedida. No se dónde va a ser ni quién la va a dar, pero si estamos invitados, quisiera ir contigo". Sucedió que al día siguiente en horas de la mañana, se le apareció de repente en su casa el comité de la fiesta, entre ellos el anfitrión y el rival de la enamorada, y mientras el primero le informaba de los planes, el rival se apresuraba al teléfono para invitar a la joven. Mi amigo me contaba riendo de la cara de sorpresa e indignación que había puesto el frustrado pretendiente.

Estos bailes se sucedían felizmente y todo marchaba como era debido hasta que de repente la Junta Directiva del Tennis Club, con motivo del Baile de Las Debutantes, decidió arbitrariamente que en esta ocasión tan importante, las muchachas tendrían la prerrogativa de invitar a su compañero.

La edad requerida a los caballeros para asistir a la gran fiesta era haber cumplido los quince años. Para mi desgracia, en ese diciembre del año 1953, yo cursaba mi cuarto año de bachillerato y no cumplía los 15 hasta enero del próximo año. Con ese decreto insensible me habían excluido de la lista de aspirantes a ser invitados. Todos mis amigos, en cambio, iban a tener la experiencia única de ser elegidos por primera vez en su vida. Había gran expectación, huelga decir, con un poco de temor por la suerte que pudieran correr. ¿Qué hacer si los invitaba alguien que no les gustaba? Ahora iban a padecer la angustia que siempre sufrían las del sexo opuesto. Yo me encontraba sin consuelo por semejante medida hasta que, faltando dos semanas para la fiesta, recibí sorpresivamente la llamada de una chica que me fascinaba. La invitación me puso por las nubes, pero me disculpé aduciendo la insensata regla. Ella me explicó que debido a la carencia de compañeros disponibles y a su propia tardanza en decidirse a debutar, la directiva había accedido a hacer una excepción. Acepté de inmediato lleno de felicidad y me apresuré a desempolvar el *smoking*. Nada podía ser mejor que un 25 de diciembre en nuestro club con esta muchacha que era todo un primor. Además, ya habían anunciado a la famosa orquesta de Julio Gutiérrez, con Omara Portuondo y el cuarteto de Carlos Faxas, para alternar con la orquesta local de Angelito Mola. Todo indicaba que habían tirado la casa por la ventana y yo iba a estar presente.

Como era de esperar, la fiesta no pudo quedar mejor. Recuerdo que detrás de la reja del club, estaban mis compañeras de 14 años mirando con tristeza los vestidos largos, los *smokings* relucientes y escuchando los cha-cha-chas de moda, pero no todo era felicidad ya que muchos de mis amigos bailaban con la debutante equivocada y las chicas más codiciadas lo hacían con compañeros improvisados. Resultó ser que los padres habían tomado cartas en el asunto y, actuando como celestinas de sus adoradas hijas por razones de vínculos familiares y de compromisos sociales, condenaron a las pobres debutantes a la calabaza de la Cenicienta. Una de las debutantes más pretendidas me murmuró con fina ironía en medio de un cambio de orquesta: "Mi compañero sabe cuatro idiomas y es muy culto…pero no sabe bailar.

Al final del baile, con los últimos acordes del consabido "Vamo-nós que ya la fiesta se acabó", todo volvió a su normalidad. Las luces se apagaron y los *smokings* y los trajes largos se guardaron con cuidado en el fondo de los escaparates. Nosotros pudimos volver a elegir y ellas… a seguir lánguidamente esperando por la invitación a la siguiente fiesta, como había sido siempre en el aquel tiempo tan distante, colmado de buenas costumbres.

VELORIOS Y ENTIERROS

No recuerdo cuándo apareció la primera funeraria en Camagüey. Tengo dudas si era la de Varona Gómez en la calle República o la de Bueno en la calle Independencia. Por cierto, había un dicho que decía "No me digas que es bueno, Bueno es el de la funeraria y entierra a los muertos". La última que conocí fue la de la calle Avellaneda, llamada La Moderna que ocupaba el local donde había estado anteriormente la consulta dental del Dr. Jorge Vilardell.

La mayoría de las veces los velorios se efectuaban en la casa del fallecido. Una de las funerarias se ocupaba de proveer las sillas plegables que se colocaban en el cuarto donde estaba el féretro, en el patio, y en los pasillos. En el cuarto del difunto se sentaban los familiares más cercanos, en su mayoría las mujeres vestidas de riguroso luto. El silencio reinaba, interrumpido algunas veces por algún susurro o sollozo. Cuando falleció mi abuela aparecieron de repente unas viejitas vestidas de negro que nadie jamás había visto. Me he quedado con la duda si eran las famosas plañideras. La costumbre y los buenos modales dictaban que lo primero que hacía el doliente era ir a ese cuarto a darle el pésame a los familiares cercanos. El salón era obscuro y lúgubre solamente iluminado con la luz tenue de las velas y perfumado por las coronas de flores. En el patio y los pasillos, el ambiente era completamente distinto. Había claridad y los amigos se sentaban en las sillas a conversar y a tomar café.

Los velorios eran centro de reunión donde se podía hacer tertulia hasta largas horas de la noche. Uno llegaba y trataba de encontrar dónde estaba el mejor grupo. Si te ponías de suerte y encontrabas a Carlos Nieves dentro de los dolientes y había una silla disponible cerca de él, tenías que apresurarte a no perderla porque nadie se movía hasta que Carlos deseaba marcharse. El Gago, como todos le decíamos, no hacía chistes. Tenía un sentido del humor natural. Su conversación estaba cargada de imágenes que nos hacían desternillarnos de la risa. No sabía hablar de otra manera. Era de oficio vendedor y sus clientes le compraban todo lo que vendía con tal de poder conversar con él. Me acuerdo que una tarde, cuando la dictadura de Batista, estábamos un grupo sentados alrededor de él en un velorio. Carlos acababa de venir de Baracoa por motivo de su trabajo y alguien le preguntó sobre el aspecto de la ciudad. Carlos le contestó "Baracoa, pueblo oscuro, de noche los negros andan con la boca abierta pá no chocar". Las risas se mantenían bastante controladas por respeto al difunto y siempre se trataba de guardar la compostura. La última vez que lo vi fue en un velorio aquí en Miami. Cuando le pregunté que cómo estaba, me contestó: "Con una peste a cirio…". Cuando se cerraron todos los clubs sociales después de Playa Girón, los velorios servían para hablar libremente, ya que todo tipo de reunión era considerada sospechosa y no existían lugares que no estuvieran fuera de la vigilancia de la Seguridad del Estado o de los Comités de barrio.

El entierro era a pie. El féretro se llevaba en hombros de los familiares y amigos hasta el cementerio de la calle Cristo. Las carrozas tiradas por caballos llevaban las coronas de flores y las campanas de la Catedral daban el último adiós. Una vez en el cementerio, alguien despedía el duelo.

El luto de la viuda se guardaba de por vida. Al principio toda de negro y al pasar los años se combinaba con el color blanco. Yo recuerdo a muchas viudas amigas de mi abuela y de mi madre a quienes jamás vi vestidas de otro color.

Toda época tiene sus costumbres que obedecen al ritmo de vida de las personas que la integran. Cuando se vive despacio y en una ciudad pequeña hay tiempo para la celebración de la vida del ser querido. Cuando se vive deprisa, como en los tiempos de ahora y en una ciudad grande, nos cuesta trabajo detenernos en ese recodo del camino. Una misa rápida, a veces sin velorio y sin entierro, no es suficiente para despedirse de las personas queridas. Cuando nos encontramos con una persona taimada muchas veces decimos, "Es capaz de hacerse el muerto para ver qué entierro le hacen". Habría que cambiar este dicho y decir: "A lo mejor ni entierro le hacen".

SERVICIOS A DOMICILIO

En los años cincuenta en Camagüey no existía la pizza a domicilio, sencillamente porque no se conocía la pizza ni se cocinaba para la calle. Tampoco nadie comía de cantina porque a ningún dueño de restaurante se le había ocurrido esa idea. Había pocos restaurantes, a no ser los de los hoteles como El Gran Hotel, El Residencial y La Isla de Cuba. También estaba el de los ómnibus La Cubana y más tarde El Shalai con su bisté de jamón como plato principal y El Caporal con su pollo frito en una canasta. Por la ciudad se esparcían algunas fondas, siendo Rancho Chico la mejor de ellas con su palomilla con tostones y congrí oriental por solo ochenta centavos. No existía la comida típica de otros países como la francesa, la italiana, ni siquiera la española. La comida china solo consistía de arroz frito y había que conseguirlo en la plaza del mercado. La comida americana como la hamburguesa, el bocadito de queso derretido, y el perro caliente aparecieron un día en la Cafetería Lavernia junto al famoso bocadito de jamón y fresa. La Norma nos ofrecía su reforzada y su frozen de chocolate por 20 centavos. El Ten Cents en la calle Maceo también se acercaba a la costumbre americana y competía con ella. Los puestos de fritas a veinte centavos en muchas esquinas aplacaban cualquier tipo de hambre o gula tropical.

Los supermercados no se conocían y había que ir a distintos lugares para abastecerse como a la bodega, la carnicería o la pescadería. No existían las tarjetas de crédito. Los cheques de banco eran una rareza. Todo se pagaba al contado y se fiaba en muchos establecimientos. Era muy popular ver en las bodegas el letrero de "Hoy no fío, mañana sí". A los bodegueros se les pedía la contra y casi siempre se obtenía, a no ser que el cliente fuera "mala paga". En las boticas, si conocías al farmacéutico, no era necesario tener la receta a mano para que te dieran la medicina. El hielo no se hacía en la casa ni se conseguía en máquinas; había que ir a buscar los bloques, que pesaban una tonelada, al depósito de la fábrica de hielo La Camagüeyana que quedaba en la calle Martí casi esquina a Independencia. Ahí te los ponían en un saco de yute con mucho aserrín. Ese hielo iba a parar a la nevera para mantener los alimentos en buen estado. Cuando llegaron los primeros refrigeradores, que les decíamos *frigidaires*, ya que eso era lo que leíamos en su puerta, nos olvidamos del hielo en bloque y de la antigua nevera. Estos primeros refrigeradores eran pequeños y los hielos se hacían llenando de agua una bandejita con pequeños compartimientos cuadriculados. El durofrío hizo su entrada triunfal con la llegada de estos aparatos modernos.

Por lo general, la clase media salía muy poco a comer, ya que podía costearse una empleada que cocinara todos los días. Alguien de la familia se ocupaba de hacer los mandados a esos establecimientos para que la cocinera pudiera ejercer su trabajo. Los domingos eran días de iglesia y de buena comida. El arroz con pollo hacía su aparición en la casa y en los hoteles y fondas. Fuera de la ciudad, en las fincas, se acostumbraba más al lechón asado en púa y al chilindrón de chivo casi siempre "robao".

El servicio a domicilio facilitaba las comidas caseras y las reuniones familiares. Para los que por algún motivo no podían ausentarse de la casa, un mensajero de la bodega les llevaba los frijoles a la casa. El chino de la vianda tocaba a la puerta, el camión de La Paloma de Castilla nos llevaba sus galletas y panes, el agua era traída por los Manantiales de San José en un gigantesco botellón. "Si Mahoma no va a la montaña, la montaña va a Mahoma". De más está decir que se cocinaba con carbón el cual era traído en sacos de yute por el carbonero. Este era un pobre hombre vestido con una ropa bien sucia que conducía un carretón halado por un caballo cansado y triste. Este carbón se utilizaba para encender el fogón. La cocina de gas y la eléctrica no aparecieron hasta bien entrada la década.

Estos servicios culinarios no eran los únicos que se brindaban a domicilio. Cuando enfermabas era de costumbre que tu médico te visitara. El mensajero de la botica te traía las medicinas en su bicicleta. A la puerta de tu casa aparecían también los cobradores, el afilador de tijeras, el tamalero y muchos más, hasta el misterioso bolitero.

Ha habido muchos adelantos desde aquella época. Con los súper mercados, la comida rápida, la comida por libra, la cantina, los *take out*, los *BBQs*, la comida congelada, la micro onda, los congeladores eléctricos y demás artefactos hemos simplificado la vida, pero desgraciadamente hemos perdido la buena costumbre de sentarnos todos los días a la mesa con la familia reunida.

SOBRE GLORIAS Y PENAS

Septiembre de 1950. Comenzaba el curso escolar. Había subido las escaleras que conducían al segundo piso de los Maristas para iniciar el Ingreso al Bachillerato. Ese año había cumplido los 11 años y era uno de los más altos de nuestra clase. Había visto algunos juegos de baloncesto en la categoría menores de 14 años donde jugaba mi amigo Eddy Quevedo por los Escolapios, y me había motivado lo suficiente como para emularlo y tratar de superarlo en el próximo año. Yo jugaba beisbol, y era de los que, si no traía la pelota y el bate, era muy difícil que me dejaran jugar. Me presenté a las prácticas de mi nuevo deporte con mis once años y mi buena estatura e inmediatamente Ángel Calvo, el coach, me aceptó.

Ese verano nos fuimos a Cayo Guajaba de vacaciones y por más que traté de encontrar algo parecido a un aro y una pelota, tuve que conformarme con dar brincos esporádicos sin ningún motivo, los cuales preocuparon todo el tiempo a mis padres. Llegó el curso escolar en septiembre y después de varias prácticas, me informaron que había sido aceptado en el equipo. Lo primero que me vino a la mente fue que iba a tener acceso a la camiseta de los Maristas y ya eso bastó para sentirme en la gloria.

El primer juego fue contra el Colegio Pinson. Recuerdo el discurso alentador y estimulante que nos dio el Hermano Director, al cual le decíamos "Chispita", la tarde antes del juego: "Tengan en mente que es un equipo Protestante". El juego terminó con un score aplastante: 60 a 1. Nelson Benedico, la estrella del colegio, encestó 15 canastas y yo me fui con 11. El equipo del Pinson no tenía estatura, lo que nos permitió a Nelson y a mí dominar los tableros todo el tiempo. Terminamos el campeonato invictos. El juego decisivo en contra de los Escolapios pudimos ganarlo 16 a 15 gracias a una canasta que logré faltando unos segundos para el silbato final. Ese fue el momento estelar en mi corta carrera de atletismo. Yo no tenía idea del tiempo que faltaba, ni sabía del score en el momento que lancé la pelota al aro. De repente todo el mundo se tiró a la cancha y me cargaron en peso. Alguien repetía: "Y pensar que solamente tiene 12 años. El año que viene vuelve a jugar".

Así fue. Regresé al otro año a los menores de 14 años junto con "Cayayo" Villena, y nos sentimos como si fuéramos LeBron y Wade jugando solos contra San Antonio. Queríamos hacerlo todo y terminamos cediéndole a los Escolapios el campeonato. Como premio consolador logré ser el mejor anotador de la liga y aún resuenan en mis oídos los *cheers* de mis compañeros en las gradas que coreaban sin cesar: "Pin pon, arriba Panchón!".

El lector impaciente posiblemente esté pensando en dejar de leer esta crónica. "¿A qué viene toda esta bobería que no le interesa a nadie, excepto a quien lo escribe?". Amigo lector, la gloria y las penas son temas universales. Tenga paciencia que ahora vienen las penas.

El bachillerato pasó como una flecha dejando la camiseta de los Maristas olvidada en un rincón. La universidad, la novia, los amigos, el cigarro, las fiestas y la seriedad del futuro cortaron el entusiasmo por las prácticas y los ejercicios. El baloncesto se limitó entonces a jugarlo socialmente en el Tennis, sin la intensidad de los primeros años. Nuestro club le ganó al Atlético, dándonos la oportunidad de ir a La Habana a competir por el Campeonato Juvenil Nacional pensando que íbamos a "pasear" y así se hizo literalmente. Paseamos por la bella capital y nos olvidamos de la competencia. Existían otras cosas en la vida que no eran la pelota redonda. Más tarde se convocó al Campeonato Junior Nacional y regresamos otra vez. Esta vez estábamos reforzados con un 6'4" apodado "Botabola". Estábamos favoritos y todo consistiría en poner la pelota en las manos de "Bota" y él se encargaría del resto. Nuestro coach, Otto Lavernia, aprovechó que su hermano Frank, otrora gloria del baloncesto nacional que residía en La Habana, hiciera la labor de espionaje del otro equipo y nos diera las precisas instrucciones para facilitar nuestra defensa.

Recuerdo la primera tarde de nuestra llegada a La Habana después de practicar en el tabloncillo. Frank nos iba llamando uno a uno y nos explicaba detalladamente las cualidades y los defectos de los jugadores contrarios: "El tuyo va a ser Fulanito de Tal, buen tirador de afuera. Debes *gardearlo* lo más pegado posible". Así fue llamando sucesivamente a todos los miembros del equipo dando a cada uno los detalles máximos de sus contrincantes, hasta que por fin llegó mi turno. Me acerqué con mucha curiosidad para saber quién sería mi contrario y cómo podría defenderlo. Frank me miró cariñosamente, me puso la mano en el hombro y me preguntó con voz grave: "Pancho... ¿cómo está tu papá?".

Comprendí en ese momento eterno que mis días de gloria habían oficialmente terminado. Esa noche en el hotel no pude dormir. Me recriminé por no haberme esforzado lo suficiente y por mi penosa falta de interés que me había conducido a semejante escarnio. "Solamente tiene doce años" y "Pin pon, arriba Panchón" se estrellaban tristemente ante el muro gigantesco de la frase demoledora de "¿Cómo está tu papá?". Las glorias de la pubertad perecían para darle nacimiento a las penas de la adolescencia.

EL "SÍ" DE LAS NIÑAS

No, no es mi intención analizar los valores costumbristas y didácticos de la comedia dramática de Moratín de principios del siglo XIX. Ha llovido mucho desde entonces y los matrimonios arreglados, felizmente, han pasado de moda. Quisiera solamente recordar lo que significó este simple monosílabo en la búsqueda de la felicidad durante los primeros años de mi juventud.

A la pregunta devastadora e inequívoca de "¿Quieres ser mi novia?" solamente tres respuestas calificaban en aquellos años y creo que siempre ha sido así: "Sí", "No", o "No sé". Claro que había variantes, a saber: "Sí, pero todavía soy muy joven, quizás el próximo verano"; "No, todavía no estoy enamorada de nadie"; "No sé, hay otros que me gustan también". El "sí" rotundo, sin explicaciones, equivalía a un noviazgo de dedo, a compartir miradas de complicidad, a usar y abusar del teléfono, a bailar más piezas juntos en el baile del club. El "no" solía traer una depresión irreparable hasta que nos enamorábamos de la próxima chica. El "no sé" era la incertidumbre, la duda, la inseguridad. Todos pasábamos por esta etapa en esos años inquietantes de la pre adolescencia. Tenía que gustarte alguien, había que tener novia, todos tenían novia, era necesario tener novia, ¿todavía no tienes novia…? No creo que fuera tan compulsivo en el caso de las chicas, aunque recuerdo un día en que una de mis amigas me dijo: "Declárate a 'fulanita' si quieres tener novia. Ella dice que le da el sí al primero que se lo pida".

Escoger a quién declarársele obedecía a ciertas reglas no establecidas pero que estaban escritas en la leyes de la armonía. Tenías que buscar a una chica que fuera tan bella y atractiva como tú mismo pudieras serlo para el gusto de ella. Si te había tocado el acné juvenil, sabías que no podías ser muy selectivo. Si eras bajito o gordito, tenías que fijarte en las más bajitas o más robustas que tú. Normalmente, las bellas estaban reservadas para los mejores tipos: los altos y los atléticos, aunque a veces, saber bailar y ser simpático influenciaban mucho en la selección. A esa tierna edad el dinero aún no jugaba ningún papel importante ya que todos dependíamos de nuestros padres.

El método de la declaración variaba de acuerdo a la personalidad. Los tímidos usaban a una tercera persona para que sirviera de mensajero: "Pregúntale si le interesaría ser mi novia". Si eras un poco atrevido, te arriesgabas a preguntárselo usando el teléfono. No faltaban los audaces y temerarios que lo hacían frente a frente en un momento escogido, pero la norma era bailando una pieza suave, como un bolero. Se estaba cerca de la chica, la estabas tomando de una mano y la otra puesta en la espalda. No tenías que mirarla de frente, ya que al bailar miraban en dirección opuesta. Entonces le preguntabas cerca del oído, a boca de jarro: "¿Quieres ser mi novia?". Te contestaban y una vez acabada la pieza te ibas rápidamente a comentar la respuesta con tus amigos. Había algunos que se declaraban a tres o cuatro chicas en la misma fiesta hasta que alguna les daba el sí.

Terminar el noviazgo no era difícil. Se utilizaban los mismos recursos, aunque se excluía el baile. El mensajero y el teléfono eran los usuales o, a veces, sencillamente no se decía nada. Conozco a un amigo que hace poco me comentó que todavía era novio de una chica, ahora abuela, porque nunca habían roto relaciones.

Los afortunados en el "sí de las niñas" ostentaban oriundos quizás una hebilla del cabello, un pañuelo, o un lazo. Ellas, pues una tarjeta dedicada el día de los enamorados o una frase elegante e íntima en el autógrafo. La etapa de los dijes y anillos de graduación pertenecía a los mayores, a la adolescencia. Las manos cogidas y bailar *cheek to cheek* era casi un milagro, pues las chaperonas se encargaban de la vigilancia 24 horas al día como las cámaras de vigilancia en los bancos de hoy en día.

Los besos eran algo que sucedían en las películas. Todos queríamos ser artistas de cine para poder besar a cuanta chica quisiéramos. Recuerdo una vez que jugando en un parque a la rueda-rueda, empezamos a bailar la canción del conejo. La letra de la tonada era muy sugestiva: "el conejo no está aquí/ ha salido esta mañana/ ay, ya está aquí/ lindo conejo ya está aquí/ y besará/ a la que le guste más". Esa fue la única vez en mi vida que pude besar en la mejilla a la chica que más me gustaba, pero fue por solo un segundo ya que una de las niñas corrió a las chaperonas para informarles que todos nos estábamos besando. Ahí mismo se terminó el juego.

Llegó la adolescencia y con ella todo se complicó. Se multiplicaron las alternativas a la pregunta original de "¿quieres ser mi novia?". El codiciado "sí" se volvió muy complejo y muy analítico. El dinero y la posición social entraron en el juego. Nos hicimos más cautelosos y ellas más difíciles. El baile del conejo no se pudo escapar del cuento de hadas y la realidad de la vida comenzó a golpearnos en la cara.

Más adelante, convertidos ya en adultos, los senderos torcidos o cundidos de baches nos obligaron a tomar decisiones trascendentales que supimos, o no, cargar como era debido. La búsqueda del "sí" se quedó en el recuerdo de cuando éramos incautos, inocentes, y nos asomábamos a la vida con el rostro de la incertidumbre y la inocente felicidad.

UNA TARDE DE VERANO

Tendríamos once años y vivíamos en el mismo pueblo. Nos habíamos visto varias veces, siempre de lejos. La primera vez fue a la salida del club. Ella pasaba en bicicleta con una prima suya y yo me dirigía a tomar el autobús con un amigo. Por una triquiñuela de la suerte ella perdió el control del manubrio casi a tres pasos de nosotros y cayó al suelo por unos segundos, sólo para permitir que nuestras risas se encontraran. Se alejó de nosotros y no dejé de pensar en ella en un buen rato.

Averigüé su nombre. Para mi sorpresa, era una prima de mi amigo. Mantuvimos una amistad a base de recados y fuimos descubriéndonos a través de amigos comunes y de aquellas "encuestas" que tan populares eran en aquel tiempo. No hacía más que pensar en ella. Sin darme cuenta se me había convertido en casi una obsesión. Comencé a inventarle cartas de amor y escribí mi primer poema.

Supe que estudiaba en El Teresiano, que no tenía hermanos y que le gustaba un chico con las iniciales "P.P". Sufrí una terrible decepción. Esas no eran mis señas. Trabajo me costó descifrar que la primera inicial se refería a mi apodo. Ahí estaba la clave. Me quedé sin palabras y me ruboricé de pies a cabeza. No lo podía creer. Era mi primera victoria amorosa.

Camagüey ofrecía una complicidad de relaciones. Ciudad íntima, de calles estrechas con casonas coloniales de anchos portales y plazas pequeñas, conspiraba a nuestro favor para propiciar furtivos encuentros. ¿Pero cómo averiguar si era correspondido? Preguntarle directamente no cabía dentro del código de nuestra juventud. Tenía que conseguir una "Celestina" que le transmitiera mi necesidad de confirmar su amor.

Mi compañero del encuentro de la bicicleta sufría de la misma ansiedad con una amiga de ella. Decidimos aunar esfuerzos y elaboramos un plan: él le diría a su prima que si estaba enamorada de mí, adornara sus trenzas con unos lazos blancos como prueba de su amor. Yo le diría lo mismo a su pretendida. Acordamos la cita para una tarde de verano en el Camagüey Tennis Club.

Llegó el día destinado y nos fuimos al club como de costumbre. Inmediatamente nos fuimos a jugar al baloncesto sin atrevernos a mirar a un grupo de muchachas que jugaban y reían a pocos metros de nosotros. Sabíamos que ahí estaban ellas y decidimos postergar lo más posible el momento crucial.

Las risas se hacían cada vez más llamativas hasta que finalmente dejamos rodar la pelota para enfrentarnos con nuestra suerte definitiva. Reían y seguían jugando unas veces a la rueda, otras veces a las prendas. Parecían no haberse percatado de que todo el universo repetía la misma frase: "Tienen los lazos blancos".

Aquella tarde de verano se sembró el primer jardín de mi vida.

Mi amigo y yo recogimos la pelota y continuamos jugando. No sabíamos entonces que en el transcurso de los años las paredes de la vieja casa club se llevarían para siempre nuestros rostros entre sus rojos ladrillos. Hoy, ya en el otoño de mi vida, recuerdo aquellos lazos blancos de mi juventud dorada.

ENCUESTAS, AUTÓGRAFOS, DIARIOS Y CLASIFICACIONES AMOROSAS

Las encuestas venían en una libreta de colegio. Las preguntas se desarrollaban desde la simpleza de tu nombre, dirección y teléfono a las complicadas como saber si pensabas ir a la Universidad o qué querías llegar a ser. A medida que ibas contestando te encontrabas con preguntas personales como de gustos de películas, lugares, color, ropa, etc. De repente te sorprendían con ¿Tienes novia?, ¿estás enamorado?, ¿iniciales de la persona amada? y ahí mismo te dabas cuenta cómo te habían manipulado discretamente para conocer lo que de verdad les interesaba. No había tarea investigativa más importante en aquel mundo de la pubertad que la de averiguar por quién doblaban los latidos del corazón.

Recuerdo una encuesta en particular hecha por Ninía Tomeu que estaba cargada de humor y originalidad. La primera página presentaba en la esquina derecha del final del papel un doblez que se insertaba en una pequeña apertura hecha con una cuchilla. En el doblez se leía esta advertencia: "Solamente las niñas bonitas pueden leer esto". Movías el papel de la apertura y leías entonces: "Te crees bonita, pues eres bien fea". También te ponían acertijos como juego de palabras desde las más románticas como las de TBCYT-DG (te besé y te dejé) hasta las más fuertes como SPOULAKK. Esta se la dejo al lector...

La encuesta tenía de invitados a casi todas las chicas y chicos de nuestro grupo y se pasaba de mano en mano. Cualquier error que pudieras cometer significaba que ibas a ser la comidilla por largo rato. Cuando llegó mi turno para contestar preferí enseñársela a mi hermano Godín, diez años mayor que yo y de una experiencia probada. Su primera sugerencia me encantó. A la pregunta de ¿sabes nadar? me susurró esta respuesta contundente: Soy un pez.

También existían los autógrafos, casi siempre de cumpleaños, que nos daban a firmar y venían presentados elegantemente en forma de libro pequeño. Los abríamos y aparecían ante nuestros ojos los comentarios, unos audaces, otros repetitivos, de los invitados a la fiesta. Había uno que siempre me llamaba la atención: " Dicen que lo negro es triste/ yo digo que no es verdad/ él tiene los ojos negros/ y es mi felicidad". Otros jocosos como aquel de: " Olas que vienen/- olas que van/ Hola amigo/ Hola, ¿qué tal?" Siempre nos topábamos con el aburrido: Afectuosamente.. o el apasionado: Amorosamente... Nosotros no teníamos autógrafos, ni hacíamos encuestas, estas eran cosas de las chicas que no jugaban a la pelota ni se tiraban piedras, pero nos encantaba participar en ellas.

Contábamos también, aunque no se publicaban ni se compartían, los diarios y las clasificaciones amorosas. El diario se guardaba en lugares secretos. Era una especie de auto confesión, de desnudo espiritual que no estaba diseñado para otros ojos. Robarse el diario de la chica preferida era como el haber penetrado en la computadora del enemigo para ser publicado en *wikileak*.

Las clasificaciones amorosas consistían en hacer una lista de las chicas preferidas comenzando con la que estábamos perdidamente enamorados y siguiendo con las que podrían sustituirla en caso de que nos dieran calabazas o que surgiera la aparición insospechada de una chica maravillosa en el verano. Casi siempre iban del uno al cinco, aunque algunos de mis amigos tenían hasta diez. La clasificación se chequeaba todos los días casi siempre en una de las clases en la escuela. Hubo algunos que increíblemente llegaron a casarse con su número uno, otros con alguna de las clasificadas y la mayoría, por supuesto, dejaron de anotar nombres en la adolescencia y se dejaron arrastrar por la vida y sus circunstancias.

No sé cuándo ni por qué de repente desaparecieron las encuestas. Quizás porque las chicas ya tenían toda la información que necesitaban. Los autógrafos probablemente terminaron después de la fiesta de los quince, los diarios se echaron a la basura o se quemaron el día que nos dimos cuenta del peligro inmenso de ser descubiertos por nuestros padres, y las clasificaciones amorosas cuando llegó la primera novia.

Ninguno de estos recuerdos los hemos traído al exilio. No están guardados en ningún cofre esperando que regresemos para rescatarlos del olvido. Viven cada día más difusos en los vericuetos de la memoria sujetos quizás a que en una tarde de lluvia, los evoquemos y nos permitan que hurguemos en sus páginas para buscar las iniciales de la novia perdida o el secreto que no quisimos compartir.

LA CULPA LA TIENE BÉCQUER

Creo que me sucedió igual que al bueno de Alfonso Quijano en la inmortal obra de Cervantes. De tanto haberme leído *Las Rimas* de Bécquer a los trece años, casi pierdo la cabeza por la hija de un oftalmólogo quien por cierto se empeñó en que si yo no perdía la razón, él se encargaría de que perdiera la cabeza por otras vías.

No recuerdo exactamente cuando sucedió pero apostaría que tuvo que ver con una de las rimas: "Pasaba arrolladora en su hermosura...". Fue un flechazo. De repente había encontrado la musa becqueriana y con ella la razón fundamental de no suicidarse a los trece años.

Entre todos los obstáculos que se le presentan a un adolescente para lograr el sí de la amada, había varios de extrema dificultad. Yo no era el único que había sentido el flechazo. A mi buen entender los pretendientes serios éramos muchos y todos aspirábamos a "por una mirada un mundo...", y dale con el poeta. Otro de los obstáculos era el oftalmólogo, quien se había erigido en guardián celoso de la niña de sus ojos.

Me dio por escribirle poemas, anagramas, acrósticos, y por pensar que todos los boleros románticos que oíamos en San Jacinto estaban dedicados a nosotros. Todas las noches trataba de soñar con ella. Le dedicaba una hora de pensamiento continuo antes de entregarme al sueño con la esperanza de llevármela a los parajes oníricos donde ni el oftalmólogo ni la turba de pretendientes podrían lidiar conmigo.

Me sabía de memoria a qué hora tomaba la guagua en una esquina de la calle Avellaneda para llegar a la Normal de Kindergarten. Yo calculaba los minutos y... ¡qué casualidad!, ahí iba yo sentado con mi camisa de Los Maristas y mi cara de sorpresa.

A la salida de la escuela volvía a la sincronización de las casualidades y los consabidos "no lo puedo creer, pasaba por aquí".

El teléfono se convirtió en mi paloma mensajera. A través de una red de amigas le hacía llegar mis ardientes poemas y cada tres días alrededor de las ocho y algo de la noche, encomendándome a todos los santos, me atrevía a marcar su número de teléfono, una pareja de números que se repetían, con la esperanza de que contestara ella. Si lo lograba, conversábamos por un tiempo prudente para no levantar sospechas del guardián celoso.

Eran conversaciones planeadas y ensayadas con mucho tiempo de anticipación. Inventaba juegos para poder identificar a los verdaderos rivales. Uno de los favoritos era el de las listas de pretendientes. Le leía diferentes combinaciones preguntándole si en ellas se encontraba su elegido. El truco consistía en incluir mi nombre en una de ellas junto con otros que habían sido eliminados anteriormente o que yo sabía que no tenían ninguna probabilidad de éxito. Si me decía que allí estaba su preferido, le había ganado la partida a todos mis contrincantes.

Si no lograba que me saliera al teléfono, colgaba inmediatamente. (Menos mal que no teníamos el *caller i.d.*) Así íbamos hasta que en una noche de pasión desenfrenada llamé y me salió el hermano menor. Tomé mi pañuelo rápidamente, lo puse en el transmisor para distorsionar la voz y haciendo uso de mi mejor falsete pregunté con voz azucarada que si estaba su hermana, y al preguntarme que quién la llamaba, le dije que era Julia, una amiga de ambos. El hermanito gritó: "Te llama Julia con voz de hombre". Me quedé sin saber qué hacer hasta que la voz del oftalmólogo me recorrió todo el cuerpo como una descarga eléctrica. Me dijo que dejara tranquila a su hija, que no llamara más, que no la molestara, que ella tenía que estudiar y no podía perder el tiempo con tonterías. Quise decirle que yo no tenía culpa de nada, que era algo que no podía controlar, que la culpa venía del siglo diecinueve y de Sevilla, y que por ese motivo estaba haciendo ese papelazo. "La culpa la tiene Bécquer", por fin pude decir enfáticamente... pero ya hacía un minuto que había colgado.

EL CRUCE TELEFÓNICO

Dedicado a mis amigas Marta y Olga

No hay dudas de que estamos en la era digital, la era de las comunicaciones. Hace ya bastante tiempo que llegamos a la Luna. Mediante un teléfono inteligente o un ordenador se puede alcanzar a una persona en cualquier lugar del mundo. La maravilla de la *Internet* nos ayuda a atravesar el espacio a una velocidad vertiginosa y conveniente. Si se quiere saber del pasado de una mujer con miras a evaluarla para una posible relación amorosa, nos vamos a su perfil en *Facebook*, o *Linkedin*. Existen un sinnúmero de artefactos para escuchar conversaciones, cámaras escondidas para captar visualmente lo sucedido, anteojos sofisticados con visión nocturna, telescopios de gran potencia y satélites inquisidores. Tenemos acceso a información de dominio público, a bibliotecas cibernéticas, a materiales desclasificados de agencias de inteligencia y se esperan nuevos avances electrónicos para acercarnos todavía más.

Pues bien, ese no era el caso sesenta años atrás en Camagüey. Averiguar lo que pensaba una muchacha, como sencillamente saber quién le gustaba o a quién no soportaba, era tarea imposible. El teléfono era lo único que se tenía a disposición, pero había que contar con que hubiera buen tiempo porque cualquier vientecito platanero o la intervención directa de los celosos padres, cortaba la transmisión.

Yo mantenía una red de amistades femeninas con las cuales hablaba casi todos los días. El principal objetivo era adentrarme en el mundo de ellas para desde ahí conocer cómo operaban mentalmente y qué las motivaba. Mi ignorancia era mayúscula y mis fracasos amorosos comenzaban a manifestarse por no saber moverme en ese mundo. Trataba de aprenderme de memoria las frases interesantes que oía en las películas, escuchaba con atención las conversaciones de los adultos, practicaba los gestos de los galanes de la televisión, pero nada sucedía. Traté varias veces de convertir a una de mis supuestas amigas en informante y todo lo que conseguí fue más desorientación al darme pistas falsas. Frustrado de todo, decidí seguir con mis conversaciones telefónicas que no me llevaban a ninguna parte, pero que al menos me mantenían distraído.

Una noche en que me encontraba en la casa sin nada interesante que hacer, la suerte me tocó a la puerta ofreciéndome la gran oportunidad de la vida. Sucedió que llamé por teléfono a una de mis amigas y tan pronto descolgué el auricular oí con extrañeza que era partícipe de un cruce de líneas. No pude evitar pensar en una película de terror de Barbara Stanwyck: "Perdón, Número Equivocado", que acababa de ver en el Teatro Principal, donde la actriz hace el papel de mujer inválida que mediante un cruce telefónico escucha un plan detallado de un asesinato, que resulta ser el suyo propio.

Afortunadamente ese no era el caso, todo lo contrario, era un cruce feliz, en el que participaban dos de mis mejores amigas. Era una conversación donde se iban a dilucidar todos los secretos bien guardados y las coordenadas para toda una vida de seguridad en el campo amoroso, no solamente para mí, sino inclusive para algunos de mis amigos. El destino me había puesto en las manos lo que necesitaba para saberlo todo. Solamente tenía que quedarme callado. Averiguaría quién le gustaba a quién con un sinfín de detalles. Era sin lugar a dudas la clave que cambiaría mi vida afectiva para siempre, y quizás la de muchos más.

Fue tanto el sobresalto, el nerviosismo y la adrenalina, que se me nubló el entendimiento y hablé: les dije inconcebiblemente que estaba oyendo la conversación… ¡Increíble! ¿Cómo fue posible que me delatara? En el acto me di cuenta de que había echado por la borda la oportunidad de mi vida. Había despedazado la entrada a la piedra filosofal. Era peor que si hubiera tenido el billete del premio mayor de la lotería en el bolsillo y lo hubiera tirado al cesto de la basura. Recuerdo que me preguntaron exaltadas y con voz temblorosa cuánto tiempo llevaba escuchando y al responderles inocentemente que acababa de entrar en la conversación, respiraron profundamente y rieron nerviosas por largo rato.

Desde entonces, dejé de utilizar el teléfono como instrumento de investigación. Seguí dando traspiés en mis lances amorosos, pero aprendí la lección de jamás precipitarme ante una decisión importante en mi vida. Al cabo de muchos años he vuelto a meditar sobre este incidente de mi juventud. ¿Qué me hubiera ocurrido si hubiera permanecido callado aquel día? ¿Hubiera sido capaz de soportar la verdad? Ahora pienso que sucedió lo mejor. ¿Cuántas ilusiones de juventud se hubieran tronchado? ¿Cuántos corazones se hubieran roto? ¿Cómo hubiéramos sanado del mal de amor? Caer en estados melancólicos depresivos, como los buenos románticos, hubiera sido una insensatez y total, como ha pasado siempre y dijera Borges acertadamente: "El amor es eterno hasta que se acaba".

UNA DECLARACIÓN AMOROSA

Dime, ¿Ya te le declaraste? _me preguntaba mi mejor amigo todos los días de aquel verano lejano en San Jacinto, ya tan distante... Yo le contestaba que no quería tomar el riesgo de quedarme fuera de la contienda prematuramente. "¿Pero cómo vas a saber que te vas a quedar fuera si no le preguntas?", insistía.

Mi amigo no entendía que la gracia consistía en cortejar a la chica, en adivinar la sonrisa detrás de los labios cerrados, en atrapar una mirada furtiva, en estudiar la temperatura de sus manos cuando bailábamos, en interpretar correctamente las risas de sus amigas cuando nos veían solos, en... Por más que le hacía ver mis razones, no lograba convencerlo. "Ese problema lo resuelvo yo con una tajante pregunta: '¿quieres ser mi novia?' y se acabó el problema", me decía enfáticamente.

El verano se nos estaba escapando y septiembre ya se anunciaba en las vidrieras del Globo con los uniformes de las escuelas para el próximo curso escolar. Muy pronto tendríamos que regresar a los estudios, a las prácticas del baloncesto y a la severidad de los horarios. Ya no habría esos mediodías de siesta tirados en la hamaca, ni las tertulias en el bar del Ñato hasta altas horas de la noche. ¡Había que hacerlo ahora! A mi amigo se le sumó la pandilla veraniega para hacérmelo más difícil. Finalmente accedí a jugármela en la última fiesta y les prometí que anunciaría públicamente el resultado para que me dejaran tranquilo, y les garanticé que dejaría de fumar si no me encasquetaban el "no".

Error catastrófico. La promesa de dejar el cigarro se corrió por todo el balneario. Me pasé muchas horas tratando de hallar una manera inteligente de declararme que me salvara la honra. Según mis cálculos, ella encontraba ingeniosos mis poemas, se divertía con mis llamadas telefónicas, pero nada más. Total, ¿y qué?, yo era feliz cortejándola en mi batalla del amor imposible y eso me bastaba, pero ya no podía dar marcha atrás.

Por fin llegó la fiesta de despedida y puse en marcha un plan lacrimógeno. La saqué a bailar aprovechando la complicidad de una amiga que había puesto en el tocadiscos una canción de letra desgarradora: "Nunca", por la orquesta América. Comencé diciéndole que la letra de la canción: *Yo sé que inútilmente te venero...*"dramáticamente reflejaba mi vida, a lo cual me respondió sin pestañear: "Tú siempre crees que todas las canciones pegan contigo". Me quedé desarmado de inmediato porque no esperaba esa respuesta desbastadora. Tuve que cambiar todo lo ensayado, y las palabras me traicionaron. Acabé pidiéndole que me tratara como a un aspirante a novio. Recuerdo que me dijo no entender esa nueva clasificación. Yo le expliqué con un largo divagar y parece que la ofusqué porque su respuesta fue tan confusa como mi pregunta. Nos despedimos mirándonos tiernamente sin yo saber a ciencia cierta qué cosa era lo que habíamos resuelto.

Mis amigos me estaban esperando a la salida del Mayanabo y como no me habían dado calabazas, sin decirles una palabra agarré con fuerza la cajetilla de Partagás y la lancé al mar en señal de triunfo, en medio de abrazos y felicitaciones.

Desperté al siguiente día con temor a enfrentarme a la realidad. Volví a verla y nada había cambiado. Pensé en tomar un riesgo mayor y cogerle las manos delante de mis amigos, pero no me atreví.

Pasaron dos días y todo seguía igual, hasta que finalmente tuve que empacar la maleta de regreso a Camagüey. El tren salía por la tarde y esa misma mañana decidí esclarecer mi situación. Fui hasta su casa pero, como siempre, estaba rodeada de sus amigas y me resultó imposible hablar con ella. Desesperado, sin saber qué hacer, decidí pedirle un cigarro a un amigo y traté de que me viera fumando. Nada sucedió, pero cuando ya me iba a montar en el tren, se me acercó y me dijo aparentando un leve disgusto: "No debiste encender el cigarro". Recuerdo que me pasé todo el viaje de regreso pensando en esa frase. Nunca llegué a saber si lo había dicho porque había roto mi promesa de no fumar si salía victorioso en la declaración, o porque sencillamente detestaba el humo y el olor a cigarro.

Pasaron muchos veranos, llegó la universidad, la revolución, el exilio, la diáspora, y nuestros caminos se bifurcaron. No volví a verla hasta después de muchos años mediante un encuentro fortuito en una función de escuela adonde habíamos asistido a ver a nuestros respectivos nietos. Nos saludamos con cariño y conversamos por largo rato. Confieso que pensé por un momento pedirle que me aclarara lo del cigarro, pero preferí callarme, porque mirándola fijamente a sus ojos, detrás de unos espejuelos sostenidos por una cadenita de plata que llevaba en forma de collar, me di cuenta de que era absurdo que se acordara del incidente.

Sketch del Ranchón de San Jacinto por el Arquitecto Adolfo Albaisa.

UN FIN DE SEMANA EN SAN JACINTO

Alguien, en una reunión con amigos de la infancia, conmovido por las reminiscencias, exclamó enfáticamente que San Jacinto era "el Saint Tropez del Caribe". Todos nos reímos por la desproporción monumental. A nuestro amigo le faltó matizar que se refería al paraíso espiritual de su niñez que podría muy bien equiparse en ese sentido con la ciudad pintoresca de la Riviera Francesa.

San Jacinto era un estado mental que le daba forma a un humilde pedazo de tierra bañada por el mar que miraba frente a frente al Cayo Sabinal situado al norte de la provincia de Camagüey.

En aquel entonces nuestras hermosas playas de Santa Lucía y La Boca solamente podían visitarse viajando por mar. A finales de los años cuarenta o principios de los cincuenta, unas familias amigas de nuestra sociedad, tratando de huir del calor del verano, decidieron fabricar sus casas de recreo frente al mar con la intención de descansar y tener acceso fácil por carretera. Los hijos adolescentes de estas familias invitaban a sus amistades a veranear todos los años en ese pedazo de mar sin playa, de muchos sargazos y erizos que se convirtió en muy poco tiempo en el mítico "Saint Tropez" de las primeras sacudidas emocionales de esos amores calcinantes de la pubertad.

San Jacinto disfrutaba de la caricia de los vientos alisios, de un mar tranquilo, de la intimidad de lo solitario y de la cercanía a la ciudad de Nuevitas donde se podía avituallar de lo necesario. En San Jacinto no había hoteles, ni casas de huéspedes, ni albergues juveniles. Si no conseguías una invitación formal de los pocos amigos cuyos padres tenían o alquilaban casa, tenías que depender de un catre o una hamaca en casa de "Pepinillo" o, en última instancia, colgar la hamaca casi a la intemperie entre dos columnas de un techo con unos bancos que funcionaba como una caseta para protegerse del sol, llamado "El Ranchón". Había otra caseta, "El Mayanabo", pero en ése no recuerdo que nadie durmiera.

Pepinillo era un muchacho flaco, simpático y muy buena gente. Sus padres tenían una de las casas más amplias en la sección del Mayanabo. "Pepinillo" invitaba formalmente a dos o tres amigos a parar en su casa, pero establecía una cadena clandestina que podría sobrepasar a una docena de amigos que dormían en donde existiera un espacio en la pequeña terraza que daba al patio trasero.

Estos clandestinos jamás eran vistos por los padres de Pepinillo. Entraban por la parte de atrás de la casa bien entrada la noche cuando todos dormían y se levantaban al alba con los primeros berridos de las chivas de Campa. Me viene a la mente lo que dijo una vez Eddy, uno de nuestro grupo que era muy ocurrente: "Pepinillo siempre se pone más simpático y hasta más buen mozo cuando llega el verano".

Recuerdo unas vacaciones en que tuve que tomar clases particulares de matemáticas por haber ponchado en los parciales y tener que examinarla en septiembre. Por ese motivo solamente podía ir a San Jacinto los fines de semana. Tan pronto acababa la clase de la mañana, me iba a la terminal de trenes y pedía un pasaje de ida y vuelta. Pasábamos en un abrir y cerrar de ojos por Altagracia y Minas, pero a medida que nos acercábamos, la distancia se alargaba y parecía que íbamos al fin del mundo. Cuando por fin llegábamos, raras veces veíamos a alguien en el andén. Normalmente nos bajábamos con un maletín bien pequeño para no asustar al amigo que nos brindaba un catre en el portal de su casa, y nos dirigíamos a los dos puntos neurálgicos donde estaba la acción del pepilleo: El Ranchón o El Mayanabo, con la esperanza de verlo y asegurarnos la estancia. Una vez resuelto lo primordial se abrían las puertas del paraíso que era la libertad de ver a muchas chicas caminando, montando bicicleta, nadando, sin la sombra de chaperonas alrededor. ¿Por qué habían desaparecido? En Camagüey estaban por todas partes. Al parecer, San Jacinto era tan pequeño y familiar que los ojillos inquisidores se transfiguraban en el aire, en los cocales, en los cangrejos de tierra, en las mesas de dominó y hasta en los manubrios de las bicicletas, y aunque no nos percatábamos, ahí estaban vigilándonos constantemente.

Es cierto que casi todos padecíamos de los amores de verano que normalmente languidecían en septiembre, pero el mío me preocupaba ya que había durado el año entero y amenazaba por quedarse una vez más. Ella era muy buena estudiante y no había suspendido asignatura, así que disfrutaba de los tres meses en aquel rincón de felicidad. Yo estaba todo confundido con su proceder. Cuando creía que le gustaba, hacía todo lo posible para demostrarme lo contrario. Cuando perdía las esperanzas, se las ingeniaba para mantenerme ilusionado.

Un viernes de aquel verano, a la llegada del tren a la estación, para mi gran sorpresa había un pequeño grupo esperándome y ella se encontraba en él. No hacía falta más nada. Me vi como un soldado que llegaba del frente y lo esperaba su novia. Había visto esa escena en alguna película y decidí representarla a plenitud como si fuera el actor de cine, aunque fuera por unos segundos. Por supuesto que después de un breve saludo no nos volvimos a ver hasta el otro día, sábado, y por escasos minutos. Esa noche el grupo de amigos decidió probar suerte en una fiesta que se daba en Santa Rita con un conjunto muy de moda que se llamaba "Los Jóvenes del Ritmo". La entrada costaba un peso y nos tratamos de colar, ya que el dinero escaseaba y siempre se llevaba a alguien en el maletero. En estas fiestas el objetivo principal se convertía en «ligar». Esto consistía en sacar a bailar a una muchacha local, enamorarla con el encanto de los aires capitalinos de provincia y si lográbamos bailar *cheek to cheek*, se daba por obtenido el triunfo. Yo hubiera preferido mil veces haberme quedado en San Jacinto con mi amor tormentoso, pero la presión de los amigos era suficiente como para ni siquiera insinuarlo. En fin, llegó el domingo, día de partida, y no había podido casi acercarme a ella ni preguntarle sobre el motivo de su presencia en la estación. Cuando tomé el tren de regreso por la tarde, todo desilusionado, me encontré en el tren con un amigo muy sonriente que también había suspendido las matemáticas, y me contó con lujo de detalles cómo se había divertido todo el fin de semana nadando y montando en bicicleta con la chica de mis tormentos.

San Jacinto ha sido borrado por los desmanes geográficos del gobierno comunista. Para el viajero en busca de recuerdos solo le han dejado el mar. Muy pocas casas han logrado sobrevivir. Lo que llamábamos «La Punta» desapareció. El bar del «Ñato», El Mayanabo, El Ranchón solo existen en la memoria. El andén de trenes con su cartel orgulloso que anunciaba San Jacinto, se lo tragó la revolución. El tren, en su recorrido a Nuevitas, pasa indolente por lo que fue y sigue siendo un gran pedazo de nuestras vidas.

LOS AÑOS PERDIDOS

La Universidad de La Habana vivía momentos muy difíciles en diciembre de 1956 por motivo de la situación política que atravesaba el país. El presidente de la FEU, José Antonio Echevarría estaba en la clandestinidad y los estudiantes salían a la calle a protestar constantemente. Las novatadas tradicionales se habían suspendido. Yo comenzaba mis estudios de Derecho a los 17 años. Vivía en una casa de huéspedes que tenía una señora camagüeyana en la calle 14 en el Vedado, a una cuadra de Línea. La casa era muy amplia, con cinco habitaciones en la planta alta, donde nos hospedábamos un grupo de camagüeyanos, un pinareño y un habanero.

Por primera vez salía de la tutela de mis padres y de la disciplina de los hermanos Maristas que dirigieron mi vida por toda la juventud, y me asomaba a un mundo nuevo, como Pinocho cuando lo llevaron a la feria. La libertad es muy complicada. Acostumbrado a asistir a clases y a recibir castigos por ausencia no justificada, el encontrarme de repente con que a nadie le importaba si me presentaba a clase o no, era inconcebible. Obligado a dos sesiones de colegio por 12 años, de ocho de la mañana a doce del día y de una de la tarde hasta las cuatro, verme con una sola sesión que finalizaba a mediodía, una cafetería llena a todas horas de estudiantes de Derecho, y unas aulas repletas de chicas era una aberración. Si agregamos la ebullición política que se sentía en la Plaza Cadenas y los mítines relámpago en contra de la dictadura de Batista, era demasiado para un bachiller despistado.

Duró poco este ensueño. Los expedicionarios del Granma subieron a la Sierra y no se dieron más clases en la universidad. Mis padres inteligentemente me dijeron que tenía que regresar a Camagüey de inmediato. Mi tío Pedro estaba en La Habana luchando clandestinamente contra la dictadura y mis padres no podían tomar el riesgo de que su sobrino siguiera sus pasos.

Volví a Camagüey y mi madre decidió que tenía que aprovechar el curso perdido estudiando Periodismo y tomando clases de mecanografía. Me enviaron a la academia Gregg, donde me sentaron frente a una máquina de escribir Underwood con el teclado negro para obligarme a escribir sin mirar las letras. Me pasaba las horas practicando en el bufete de mi padre los ejercicios de combinaciones de vocales y consonantes sin mirar el teclado como dala, cala, pala... No solamente descubrí que podía escribir con los ojos vendados sino que podía ver cuando me los destapaba a una trigueña preciosa que también tomaba clases. Resultó ser que la trigueña vivía puerta con puerta al bufete de mi padre.

Las clases de Periodismo resultaron formidables. Descubrí que me encantaba escribir más de lo que pensaba y de que existía la posibilidad de que me pagaran por eso. Entre los estudiantes avanzados estaba Domingo Pichardo, una de las personas que más influyó en mi temprana vocación para las letras.

Antes de entrar a clase jugábamos al dominó y discutíamos de política. Panchito Guillén, sobrino del gran poeta Nicolás Guillén, era mi compañero de clase y de dominó. Más tarde cuando regresé a la Universidad al triunfo de la revolución, me encontré con Panchito en la facultad de Derecho. En el primer año nos pasábamos el día en la facultad y estudiábamos juntos para los exámenes. Cuando comenzó el curso del sesenta, ya la política nos había separado y Panchito se declaró comunista, cosa que no creí en aquel momento que lo hiciera por convicción, sino empujado quizás por su famoso tío. Es posible que estuviera equivocado porque dos semanas antes de la invasión en el 61, me lo encontré en el lobby de un hotel de La Habana presidiendo una delegación de turismo. Se sorprendió de verme. Vino a donde estaba y me abrazó fuertemente diciéndome al oído, "Pensé que te habías ido del país. ¿Qué haces todavía aquí? Vete antes de que te cojan preso". Nunca más lo volví a ver.

¿Qué hubiera sucedido si todo hubiese sido normal, es decir, si la Universidad de La Habana no hubiera cerrado y el problema político se hubiera resuelto con el "diálogo cívico"? Tengo dudas de que me hubiera graduado de abogado a los 21 años. Cuando miro a aquel muchacho de 17 años con el pelo revuelto y cincuenta libras de menos en una foto de carnet de aquella época, no me parece que estaba listo para la disciplina de una carrera universitaria. La ciudad de La Habana para un muchacho del interior que nunca había estado solo era un reto demasiado fuerte. Lo que consideraba entonces como dos años perdidos estudiando periodismo y mecanografía en verdad fueron mi salvación. Tan pronto se reabrió la universidad con el derrocamiento de Batista y comencé otra vez mis estudios de Derecho, todo fue distinto. Había madurado lo suficiente como para tomar los libros en serio y las altas calificaciones así lo demostraron.

La ruptura del orden constitucional trajo la lucha clandestina, los fusilamientos, Playa Girón, la cárcel y el exilio. Nos hicimos adultos precipitadamente. Para los que creen en el destino, estaba escrito que nunca me graduaría de abogado en la Universidad de La Habana, pero no tengo dudas de que esos años perdidos fueron el puente de la pubertad a la madurez.

Equipo de baloncesto.

NUESTRO EQUIPO DE BALONCESTO

En mi cuarto de oficina, colgado en la pared, a un costado de mi computadora, está la foto en blanco y negro de nuestro equipo de baloncesto del año 1953. Éramos muy jóvenes...

Nuestro equipo de baloncesto era "amargo", pero era nuestro equipo de baloncesto. No, no era amargo: era un sueño que habíamos hecho realidad. Los siete mejores amigos: El Pluto, El Crudo, Fofi, La Fiera, Lindoro, Tata y yo, íbamos a jugar juntos y a defender los colores de un club de mujeres en el cual los hombres eran considerados socios visitantes, una categoría inaudita, e iba a ser el primero en su historia en competir en un campeonato organizado en Camagüey. Esto era visto con recelo dentro de la sociedad machista en que vivíamos.

No recuerdo cómo se nos agregaron Bacilín y Arquímedes para completar el *roster*, pero ahí está la foto recogiéndoles también. El coach era un flaco largo, muy buena gente, que accedió a sentarse con nosotros para representarnos y cubrir la forma. Ni siquiera nos practicaba y su único momento estelar se manifestó cuando protestó enérgicamente ante la similitud del uniforme contrario al nuestro.

Todo comenzó con la convergencia del final de nuestra pubertad o principio de la adolescencia, la hermandad de los amigos, el baloncesto y las chicas. El creador de este sueño fue Fofi, quien consiguió el permiso para formar el equipo. Para demostrar su control hizo que despidieran al que funcionaba como entrenador, que por cierto era muy capacitado, y recomendar al flaco largo. Además, diseñó unos uniformes modernos y atractivos, los encargó, recolectó el dinero, se encargó de acondicionar el terreno de arcilla que tenía el club, compró las redes para el aro y la pintura para las tablas, nos llamó a cada uno de nosotros, organizó las prácticas, inscribió al equipo y por supuesto que se autonombró capitán del equipo y bien que se lo merecía.

Fofi era el más inteligente de nosotros. Acaparaba las medallas de Excelencia y Aplicación en todas las reparticiones de premios, iba a estudiar arquitectura, vestía impecable, y su familia, junto con la del Pluto, poseían casas de veraneo colindantes en San Jacinto, el balneario más concurrido por las chicas de nuestro club. Sus entradas al aro eran espectaculares, dignas de Santos y Artigas.

El Pluto era el más alto de nosotros, el único zurdo. Había estudiado en una academia militar, y todos pensábamos que marcharía al *frente*... de los negocios de su padre. Su gran hazaña deportiva que todos admirábamos era la de haberle encestado nueve canastas a "Polilla" uno de los mejores *guards* del colegio Belén. Tenía un gancho que era letal. Era muy creativo e ingenioso y poseía un extraordinario sentido del humor.

El Crudo nos decía que quería ponerse fuerte (de ahí viene el apodo) cuando levantaba pesas con Lindoro. Las pesas lo traicionaron y se puso tan flaco que parecía transparente. Era filomático y quería estudiar Pediatría. Tenía tal puntería tirando a la canasta con dos manos desde las esquinas que no había más remedio que pasarle la bola, cosa que no hacíamos muy a menudo. Era ocurrente, siempre tenía en los labios la frase chistosa para remediar cualquier ocasión difícil.

La Fiera era respetado por su audacia. Se atrevía a cualquier cosa, no creía en el peligro. Era la mejor nota en Física y pensábamos que iba a ser ingeniero. Podía defender al mejor del equipo contrario con la confianza de un buen carcelero.

Lindoro quería ser arquitecto con una maestría en chicas. Todas estaban enamoradas de él. Tenía un rostro de artista de cine y era muy simpático. Le gustaba que le dijeran Pánfilo Ganso por la inmensa suerte que tenía. Empezó a jugar baloncesto desde muy temprano y fue la estrella de los Escolapios en su primer año. Su preponderancia con las chicas lo llevó a postergar un poco el deporte, pero todavía conservaba su suerte y de seguro nos iba a ayudar.

Tata era bastante diferente: se alojaba en una casa de huéspedes porque sus padres vivían en el Central Senado, era nadador, se tiraba de cualquier roca en la cantera de la Victoria, exhibía músculos por todas partes, quería ser ingeniero y siempre tuvo una misma novia.

Yo era unos dos años menor que todos ellos pero gracias a un desarrollo prematuro me había podido integrar al grupo. Siempre supe que iba a estudiar Derecho porque no me entraban las ciencias y como mi padre era abogado, era lo natural. Mis pasiones eran el baloncesto, las rimas de Bécquer, y los amigos, y cuando Fofi me sugirió la idea del equipo, no pude encontrar más felicidad.

Casi de inmediato se decidió quiénes iban a jugar regulares, o sea, los que iban a abrir el partido: Pluto en el centro, El Crudo y Fofi en los *forwards*, y yo como uno de los *guards*. El otro *guard* estaba por decidirse entre La Fiera, Lindoro y Tata. Los dos restantes, Bacilín y Arquímedes iban a calentar el banco, eran pésimos jugadores, no eran parte del grupo íntimo, y funcionaban como relleno, figuras decorativas. Entre estos tres elegidos, Tata lucía el mejor, pero tenía el inmenso defecto de que bola que le cayera en las manos iba irremediablemente para el aro, casi siempre sin que se enterara la *net*, y eso era imperdonable entre tantos tiradores. Lindoro era impredecible, igual estaba atendiendo al juego que estaba haciéndole señas a alguna chiquita, y lo más importante: yo creo que le teníamos bastante roña y mucha envidia por lo bonitillo que era. La Fiera era la mejor opción porque se había llenado de una autoconfianza extrema al proclamarse él mismo como "la estrellita de Vista Hermosa" y de tanto repetirlo nos hizo creer a todos que podría ser verdad.

Nuestra vida giraba alrededor de este campeonato. Nada había más importante, excepto las chicas, claro. Los siete estudiábamos en la misma escuela, íbamos al mismo club, enamorábamos a chicas del mismo grupo, nos hablábamos todos los días, y no podíamos vivir fuera de ese círculo donde habíamos creado nuestro propio mundo. El chiste predilecto de Fofi era sembrar el misterio y la expectación por el quinto regular, el otro *guard*, y siempre simulaba que nos contaba y si estábamos todos decía: "hay sólo cuatro regulares". Si faltaba el Pluto, El Crudo o yo, decía: hay sólo tres regulares. Esto no le hacía gracia a los otros tres, pero se toleraba como parte del ritual por ganarse el puesto de abridor.

Momentos antes de la inauguración del campeonato, se decidió que La Fiera fuera el elegido. La noticia llenó los inmensos dientes de La Fiera de una sonrisa gigantesca. Esa noche le ganamos a Florida y nos sentimos el mejor equipo del mundo. El Crudo no fallaba tirando de las esquinas, El Pluto dominaba los tableros y su gancho zurdo era imparable. Fofi cambiaba jugadores y le decía al *coach* quién entraba y quién salía. El próximo contrario era La Popular y ganamos el juego gracias a un robo de bola espectacular de Lindoro, quien sorprendió a una de las estrellas de la Popular, Tony Massiá, y llevó la pelota hasta el aro, resultando ser la canasta ganadora.

Al día siguiente Fofi nos dijo que los uniformes habían llegado. Corrimos todos a su casa a verlos, apretarlos, olerlos, y por supuesto, a enfundarnos en esa maravillosa armadura de satín y algodón que nos investía de caballeros andantes. Nos fuimos directo al club, corriendo por las calles de Camagüey como si estuviéramos en un maratón, haciéndonos pases imaginarios, y jugamos baloncesto hasta que se hizo de noche. El uniforme estaba compuesto por un *short* de satín azul brillante con un cinto blanco de tela. La camiseta era blanca con una franja azul en los costados, las iniciales de la institución de color rojo en el medio y el número asignado en la parte superior izquierda y, por detrás, también de color rojo. A la noche siguiente jugábamos con el Atlético que era a nuestro juicio el equipo más fuerte, ya que se reforzaba con los alumnos internos de los Escolapios, pero que inexplicablemente había perdido con el Ferroviario. Debatimos por un buen rato si estrenábamos los uniformes esa noche o si hacíamos caso a la superstición de que siempre se perdía cuando se estrenaba. Pudo más el deseo de usar los uniformes.

Esa memorable noche nos batíamos en el campo de batalla con las hordas de los azul naranja. El juego fue a sangre y fuego, especialmente para mí. En mi casa existía una larga tradición con el Atlético. Mi padre había sido atleta y fundador del famoso ranchón a un costado de la Casa Club, al lado de la represa del Juan de Toro; mi hermano había jugado baloncesto en esa institución, y se suponía que yo siguiera los pasos de la familia. Un viejo deportista del Atlético, Pino Álvarez, se situó detrás de nuestro aro y, arengando a otros fanáticos del Atlético, empezaron a llamarme traidor por jugar en contra del equipo de mi familia, hasta que mi propio padre se personó ante el grupo, les pidió callarse y Pino, que lo quería mucho, no le quedó más remedio que retirarse y disolver el grupo.

El partido se decidió en el último minuto, pero desgraciadamente se cumplió la superstición del uniforme nuevo.

Empezamos la segunda vuelta jugando contra Florida en su terreno, o sea, que teníamos que trasladarnos a esa ciudad a unos 45 kilómetros por carretera. El Loco, un amigo nuestro cuyo apodo le venía a la perfección, se brindó a llevarnos en su jeep y El Pluto, inteligentemente aduciendo que no cabíamos todos, se excusó y se fue en un Santiago-Habana, no sin antes advertirnos de los peligros de irnos con El Loco. Nadie le hizo caso y hasta lo choteamos por su cobardía. El Loco manejó muy bien a la ida. Durante el partido nos hizo pasar algunas penas porque llevaba un silbato que hacía sonar en cualquier momento y tenía confundido al *referee*, a tal punto que el juego se terminó con nuestra victoria por solo tres puntos antes del tiempo reglamentario debido a que El Loco sonó el silbato primero que el referee. Al regreso, ya entrada la noche, después de despedir al Pluto en la guagua, nos montamos en el jeep y era tanta la alegría del Loco que, en medio de la carretera, apagó las luces del jeep y gritó a los cuatro vientos: ¡Oscuridad perpetuaaa! Esa noche volvimos a nacer y todos nos acordamos de la sabia advertencia del Pluto.

El campeonato llegó a su etapa final con el juego decisivo entre el Ferroviario y nosotros, en el terreno de ellos. Hacía falta una conferencia urgente entre nosotros y la convocamos la noche anterior en el ranchón del club. Empezamos con una autocrítica de cada uno de nosotros seguida por comentarios del resto. Todos coincidimos en que el problema que teníamos era que no pasábamos la bola. Todos queríamos tirar y ser los héroes del partido. No faltaron las bromas, como la de alguien que sugirió que el problema más serio era que no sabíamos jugar.

El juego decisivo llegó. El abuelo del Pluto, quien jamás había asistido a un juego, se encontraba en la primera fila de los espectadores así como el resto de nuestros padres, las chicas del grupo y la canalla del club. Esa era nuestra noche, el momento esperado de toda una vida, la máxima prueba, la razón de ser. Salimos al terreno dispuestos a no conceder, a luchar, a ganar, a no aceptar nada que no fuera llevar el trofeo al club de las mujeres. El juego no pudo estar más parejo, pero al final la suerte nos abandonó y entre Aurelito, un primo de Fofi que jugaba en nuestra contra, y un chiquitico de apellido Romeu nos robaron la gloria de la victoria. La Fiera no llevó las garras al partido, El Pluto se olvidó de su gancho en el momento preciso, Fofi y el Crudo no encontraron el aro, Lindoro no pudo robarle más bolas a nadie, y yo tuve una noche aciaga. Nos fuimos con la cabeza baja. El Pluto nos recordó que "estaban en su campo", cosa que siempre repetía cuando perdíamos en un terreno enemigo, pero esta vez nadie sonrió.

Seguimos jugando por varios meses contra cualquier equipo que se nos presentara, contratando juegos en los centrales cercanos. Recuerdo específicamente un juego contra un central en que le estábamos dando una tremenda paliza a los locales y yo me banqueteaba encestando cuando, casi al final el partido, encontrándome solo debajo de la canasta dispuesto a volver a anotar, El Pluto saltó inesperadamente delante de mí y desvió la pelota con un terrible manotazo. Le pregunté gritando: "¿te has vuelto loco?" y me respondió: "¿hasta cuándo vas a seguir anotando?".

El equipo se desintegró porque no había ningún otro campeonato en que participar, y Fofi, El Crudo y Pluto acababan el bachillerato y se iban de Camagüey: Fofi y El Crudo a La Habana y El Pluto a los Estados Unidos. Nunca volvimos a jugar juntos, pero sin embargo, la broma de los cuatro regulares continuó por muchos años hasta que la vida nos llevó por tierras de exilio.

Hoy, mirando la fotografía, me doy cuenta de que, de los cuatro regulares sólo quedamos dos: El Crudo y yo. El Pluto y Fofi fallecieron; Lindoro, el Coach y Arquímedes también; La Fiera vive en Puerto Rico; Tata se quedó en Cuba, y Bacilín vive en Miami. Pienso seguir mirando la foto todos los días en que me siente a escribir mis crónicas en la computadora, repitiendo la frase de Fofi: "Sólo quedamos dos regulares", hasta que El Crudo o yo sea el último que lo diga.

DEL EXILIO

LAS PRIMERAS CANCIONES DEL EXILIO

Los que siendo adolescentes salimos de Cuba en la década del 60 y fuimos relocalizados a los Estados Unidos, es decir, a otra ciudad lejos de Miami donde no existía música cubana en la radio, tuvimos que suplantar la necesidad esencial de escuchar nuestros boleros con las canciones americanas de la época, de las cuales solamente entendíamos algunas frases y nos imaginábamos las otras. Recuerdo la de "Will I see you in September or lose you to a summer love" o aquella de "Don't know much about his-to-ry...". Uno empezaba a decir las líneas que se sabía, paraba, tarareaba y esperaba a que el amigo continuara con otra frase y así íbamos armando la letra de la canción. "¿Cómo era posible que a ningún americano se le hubiera ocurrido algo tan sencillo como el Cancionero Picot? Cuando estábamos en Cuba mis amigos y yo nos sabíamos la letra no solo de los boleros y los cha-cha-chás sino también de casi todos los corridos mexicanos, los pasodobles españoles y los tangos argentinos. En los Maristas, memorizábamos todas las canciones que se cantaban a la Virgen en el mes de mayo, el himno del colegio que cantábamos a todo pulmón repitiendo como papagayos sin entender a derechas aquello de "las Pléyades van empenachadas tras el lienzo inmortal de su bandera". De repente, en un abrir y cerrar de ojos, tras el vuelo de un avión, nos encontrábamos en medio de la nieve con un frío de 10 grados bajo cero, sin tener la menor idea de lo que iba a ser de nuestras vidas y sin siquiera poder seguir ninguna canción en la radio.

Con la música del Rock and Roll, las letras se hacían un poco más fáciles pues eran estribillos que se repetían constantemente como aquellos que oíamos en Radio Kramer cuando estudiábamos en La Habana de "I want to rock, rock, rock 'til broad daylight" o la otra de "See you later alligator, after a while a crocodile", pero llegamos a los Estados Unidos y la música de los Beatles nos sorprendió con su acento británico y solamente entendíamos los gritos que daban John, Paul, George y Ringo. Llegaron las canciones en que la palabra *baby* se repetía hasta lo infinito y ahí nos defendíamos tarareando la melodía hasta que intercalábamos unos *babies* y todo nos salía bien, como aquella de "Baby, baby, baby, oh baby, I love you, I really do...".

Pasaron los años y no se sabe cuántas "águilas por el mar" y nuestros oídos empezaron a destupirse de la fuerza de las vocales y las doble-erres para penetrar en el mundo de las vocales dulcemente mezcladas con combinaciones de consonantes nunca antes oídas como las de la t y la h. Se dio el milagro y empezamos a entender las letras de las canciones y volvimos a encender la radio con alegría y a comprar LP's para los estéreos.

Nos casamos, llegaron los hijos, los nietos, y nos tocó el retiro donde se nos abrió un mundo de sorpresas: nos dijeron que necesitábamos espejuelos bifocales; un peletero nos aseguró que nos correspondía un número de zapatos mucho mayor que el que habíamos usado en Cuba y que por eso habíamos desarrollado callosidades y juanetes; nos midieron y nos rebajaron dos pulgadas más de lo que jurábamos tener de altura, y lo más importante: nos convencieron que teníamos que usar aparaticos en los oídos para no perdernos una palabra y nos sugirieron de poner los *captions* o subtítulos en la pantalla del televisor. Aceptamos todas las indicaciones y, con nuestros oídos amplificados y con la ayuda de los subtítulos, nos adentramos a disfrutar de la televisión, solamente para descubrir con asombro que las letras de las canciones que habíamos aprendido no correspondían exactamente a las que ahora podíamos oír y corroborar con los subtítulos. Descubrimos por qué nuestros hijos se reían cuando entonábamos una canción de Andy Williams y sentimos deseos de *textearlos* por el celular, o mandarles un *e-mail*, que se han convertido en los nuevos medios de comunicación vigente, y ponerles en letras bien grandes: "A PESAR DE MI PRONUNCIACION PUDE ENVIARLOS A LA UNIVERSIDAD". Admito que, gracias a los *captions* y a los *hearing aids,* por primera vez en cincuenta años he podido disfrutar a plenitud de "My Eyes Adore You", la mejor canción romántica de Frankie Vallee, enterándome de que sus ojos la adoraban desde que estaban en primaria y él cargaba con los libros de ella cuando regresaban de la escuela por las calles de "Barnegat Bridge and Bay".

¡Qué fácil y divertido hubiera sido todo si en el refugio de "Cielito Lindo", al momento de ser relocalizados, nos hubieran dado, junto con el pasaje y el abrigo, un cancionero de *American Songs*!

LOS PRIMEROS TRABAJOS DEL EXILIO

El exilio cubano está cargado de anécdotas de nuestros primeros trabajos. Cada uno de nosotros tiene una historia interesante que contar que podría empezar desde el momento en que pensó salir de Cuba, su llegada, y su primer trabajo. Deberíamos un día decidirnos a escribir estas experiencias y plasmarlas en un gran libro para que las futuras generaciones entiendan cómo empezamos a construir nuestros sueños en medio de la dicotomía de haber perdido nuestra patria y la alegría de estar en un país libre. Sírvase pues esta crónica para contribuir con mi testimonio.

Cuando llegué a Miami en septiembre del '62 sin conocer el idioma, me forcé a buscar trabajo en una ciudad que no tenía industrias y que había sido asaltada por una multitud de cubanos que tocaban puertas en todo tipo de establecimiento solicitando empleos. Muchas mañanas, al amanecer, hacía cola a la puerta de factorías junto con un gran número de compatriotas y regresaba frustrado a casa de mi tío Pedro que alegremente me había recogido en la Base de Opa Locka cuando salí de la embajada de Urugüay en La Habana.

Mis amigos estaban divididos entre los que trabajaban en los 7-Eleven y los que lo hacían en el North Shore Hospital. Se había producido una cadena de camagüeyanos que se halaban unos a otros en esos dos trabajos que consiguieron los pioneros: Jesús Couso en los 7-Elevens y Héctor Álvarez en el hospital. Héctor me llamó para que solicitara empleo de *orderly* en el hospital, con tan mala suerte que en ese momento estaba llena esa posición y me ofrecieron otra de una escala inferior pero trabajo al fin, de *porter*. Mi trabajo consistía en barrer, pasar trapeador, dar cera a los pisos, y limpiar las ventanas en los cuartos de los pacientes. El trabajo de *orderly* era más sofisticado. Trabajaban con los pacientes limpiándolos y cambiando pijamas. Mi amigo René estaba en el departamento de Radiología y trabajaba en el transporte de pacientes de los cuartos a la sala de Rayos X. El trabajo más humilde era el mío. Un día que me encontraba agachado, en cuatro patas, limpiando una mancha en el suelo, René pasaba con otros de los amigos y les comentó cuando se acercó a mi lado: "No le conversen que no nos conviene que nos vean hablando con alguien de tan baja categoría" y siguió su camino muerto de la risa. Otro día me disponía a limpiar las ventanas del cuarto de un anciano que siempre me sonreía y noté que quería decirme algo, pero como yo no entendía inglés, le sonreí y encendí la aspiradora. Yo notaba algo extraño en su rostro, como una mueca, y pensé que a lo mejor me estaba haciendo alguna gracia. Terminé de limpiar y me marché con otra sonrisa de despedida. Al poco rato me enteré que puso una queja diciendo que me había dicho que no encendiera la aspiradora, que se sentía muy mal. Me informaron después que ese mismo día había fallecido.

Pasó el tiempo y me relocalicé a Ohio. Allí me encontraba trabajando de camarero en el Kahiki, un restaurante polinesio en Columbus. Uno de los dueños mandó a buscar un camarero que llevara a su oficina unos aperitivos, y me tocó a mí. Llegué a la oficina en el preciso momento en que su mascota, un Myna, pájaro exótico oriundo de la India que imita la voz humana mejor que una cotorra, se había escapado de su jaula y revoloteaba por toda la oficina llegando a aterrizar en mi hombro sin importarle que estaba sosteniendo una bandeja repleta de comida. El dueño lo llamaba por su apodo: "Joe, Joe" y me ordenaba: "No te muevas". El pájaro parece que confundió mi calva incipiente con un tronco de madera indú y comenzó a taladrar en mi cabeza. Fueron unos segundos dolorosos, no tanto por los picotazos sino por la humillación de verme abusado por un pájaro, y el dueño, insensible a mi dolor, llamándolo para que regresara a su jaula.

Admito y confieso que el trabajo de camarero me fascinó en comparación con el de *porter*. Allí trabajaban, para hacerlo más placentero, varios camagüeyanos: Ignacio Soler, Mauricio Montejo, Eugenio González, Milton Lavernia, Monguito Abad, y mi hermano Godín.

Siempre había lugar para tratar de mejorar económicamente y a mi suegro Otto Lavernia se le ocurrió la idea de crear una compañía de exportación aprovechando su amistad con un muchacho de descendencia china que estudiaba en el *college* donde él enseñaba. Ni corto ni perezoso, en contra de los consejos de su esposa Josefina, ordenó construir un gigantesco almacén en el patio de su casa para acumular la mercancía que pensaban distribuir en gran escala y organizó a unos cinco cubanos exiliados, incluyéndome a mí, entrenándonos en el arte de vender guantes de jardinería como preparación para futuros proyectos ambiciosos. Nos preparó un *pitch* para iniciar la venta y nos proveyó de una lista de teléfonos de compañías locales con la intención de romper el hielo. Yo estuve practicando mi *pitch* hasta que pensé que podría pasar por americano, aunque quizás con algún tipo de impedimento al habla. Tan pronto comencé mi discurso un WHATTTT..? casi me perforó el tímpano. Por supuesto que colgué inmediatamente. Recuerdo que el vendedor estrella de los guantes fue mi amigo Avelino que exitosamente pudo vender un par de ellos por tres dólares al cabo de cuatro meses de incesantes llamadas.

Después de mucho esfuerzo, pude graduarme de college, entrar en el programa de graduados de Ohio State y graduarme con un MA en Literatura Española y Latinoamericana. Disponiendo de unas semanas entre OSU y mi nuevo trabajo de profesor de Español en un Prep School, decidí buscarme unos pesos que me hacían mucha falta trabajando en la UPS en un turno de 12 de la noche a seis de la mañana. Caí en un cuarto designado para clasificar los paquetes defectuosos junto a otras dos personas: un chino al que le decían "Egg Roll" y un negrito, que fungía como jefe, al que le decían "Fuck Face". A los tres días presenté la renuncia, creo que por temor al apodo que me iban a poner.

Para celebrar de alguna manera mi graduación, el haberme fugado del trabajo en UPS, y obtenido mi contrato como profesor de español en un Prep School, regresé una tarde al querido Kahiki a disfrutar de una cena bien merecida después de dos años de ausencia. Al entrar en el parqueo, el jefe de los parqueadores me preguntó sin apenas saludarme: "Eddy, cómo te las arreglaste para conseguir el viernes off?" Sorprendido, le contesté que hacía dos años que me había ido. Se rió y murmuró: "*Yeah yeah, all right...*". En ese instante pensé que a lo mejor nunca me había ido del Kahihi, que no había estudiado en OSU, y que había tenido una pesadilla con un *egg roll* y un tal *Fuck Face*.

ESOS TREINTAIUNOS DE DICIEMBRE

Este año vamos a celebrar el 31 de diciembre viajando en un crucero por el Caribe en compañía de varias parejas de la vieja guardia. Es algo bastante diferente de cuando mi familia vivía a una cuadra del Liceo frente al parque Agramonte. Mis padres y mis hermanos caminaban con sus smokings y trajes largos hasta ese majestuoso edificio para esperar el año. Mis amigos y yo preferíamos irnos al Tennis por un motivo bien claro de lealtad: todas las tardes el club nos ofrecía deportes, piscina, ducha caliente y refrigerio. No se le podía virar la cara el último día del año.

El Liceo era muy sobrio, de personas mayores de treinta años. Allí no se hacía deporte ni acudían las chicas. Era un lugar misterioso donde se jugaba al póker en un salón que nunca conocí, donde había una barbería a la que nunca fui y un portalón para observar el movimiento de transeúntes por el parque donde jamás se me ocurrió sentarme. La barra era otra cosa. Era posiblemente la mejor de Camagüey. En las paredes estaban todos los hierros distintivos de las fincas ganaderas de sus socios. Sus banquetas eran muy cómodas, así como también unos pequeños sofás estratégicamente colocados en un espacio reducido. Tenía aire acondicionado, lo cual era una rareza en aquellos tiempos. "El Chino" era el cantinero y maestro culinario que nos ofrecía el mejor bistec de la ciudad. Pero todo eso no era suficiente para nosotros. El Tennis era el club de los espacios grandes, de los deportes y de la pepillería.

No sé cuándo, cómo, ni por qué, de repente nos despedimos del Tennis y nos fuimos a esperar el año al Liceo. Me imagino que el Tennis no tendría fiesta o que no pudieron contratar a ninguna orquesta de La Habana. Lo cierto es que por primera vez caminé junto con mis padres y hermana vistiendo un smoking, heredado de mi padre o de mi hermano, un poco pasado de moda, pero todavía elegante. Me sentí todo un hombre a pesar de mis dieciséis años.

Haciendo un poco de historia, en el año 1961, después de Playa Girón, el Tennis, el Liceo y los demás clubs, pasaron a manos del estado. ¿Adónde esperar el año? Los que todavía estábamos en Camagüey decidimos aventurarnos en el Aéreo Club donde tocaba la orquesta de Jorge González Allué. Para mi sorpresa y alegría, ahí estaban las mismas caritas conocidas. Hicimos de tripas corazón y conseguimos pasarlo lo mejor posible entre abrazos y los consabidos cuandotevas.

El siguiente año, 1962, ya estaba en Miami con el resto de mis amigos. La casa más grande en aquel entonces --creo que sigue siéndolo-- era la del gran "Huesito" y allí fuimos a esperar el año. Bailamos toda la noche con el ritmo del tocadiscos y el calor profundo de la amistad.

Terminé relocalizándome a Columbus, Ohio donde estaba mi hermano y existían mejores posibilidades de trabajo y de estudio. Los primeros años trabajé de camarero junto a un gran grupo de camagüeyanos. Confieso que nos divertíamos como los enanos de Blancanieves. Recuerdo que Ignacio Soler había tomado la semana de Navidad y Año Nuevo de vacaciones y se presentó a trabajar al restaurante el mismo 31 de diciembre porque "no sabía que otra cosa mejor podría hacer".

Finalizó mi período de camarero y me hice maestro. Para ese entonces las fiestas de fin de año habían vuelto a la normalidad. Ya el restaurante había terminado su cometido y las veladas se hicieron en casa de mi gran amigo el doctor Rafael Santamaría. Buenos recuerdos de aquella casona. Transcurrieron varios años y de repente se había iniciado otro éxodo, esta vez para Miami, dejándome solo y helado en el medio del Mid-West. Sucedió lo inevitable. Como no teníamos adónde ir, decidimos dar una fiesta en la casa e invitar a los pocos conocidos que quedaban aún en la ciudad. Éramos bien pocos en un principio, pero como por arte de magia, la casa se llenó y me encontré casi al final de la fiesta tratando de averiguar quiénes eran las parejas que estaban en el sótano de mi casa todavía bailando cuando ya pensaba que era hora de acostarse a dormir. Creo que en ese mismo momento decidí que era mi último aldabonazo en Columbus.

Como el personaje de la película El Súper, volvimos a la tierra prometida, a la Ítaca miamense, cerrando con tres llaves el verdadero exilio que había torcido nuestras vidas. Volvieron las celebraciones con los amigos, las fiestas grandes donde conocíamos a todo el mundo y me volvían a llamar Pancho en lugar de Ed. Pues bien, pasó otra águila por el mar y este año, ante la opción de ver los fuegos artificiales sentados en la sala de nuestra casa con el pijamas puesto, nos decidimos por hacer algo distinto y apareció el crucero. No creo que sea tan buena idea como la de caminar hacia el Liceo o las fiestas grandes en casa del Hueso, pero como decían los ratones sabios de la fábula de Spencer Johnson *Who Moved my Cheese?*: "Presiente el cambio, anticípate al cambio, cambia, y disfruta del cambio".

CERRÓ LARIOS

Como tantos domingos después de misa, nos fuimos mi mujer y yo a almorzar a Larios de la calle Flagler, nuestro restaurante cubano favorito. No hacía falta el menú. Sabíamos lo que queríamos: pollo asado con arroz y tostones, un flan para compartir entre los dos, y dos tazas de café. Estábamos de acuerdo en que la receta misteriosa del pollo asado consistía en un mojo a base de naranja, pero no nos decían. Nos gustaba mirar las paredes de ese lugar empapeladas con recortes de revistas y periódicos de nuestra juventud. Siempre nos deteníamos en la foto de la inauguración de la pastelería de Félix Roberto de Quesada o la de la boda de Mario Rodríguez y Cilita Silva.

Ese domingo nos llamó la atención ver muchos espacios libres en el parqueo. Usualmente teníamos que parquear bastante lejos porque a la hora del lunch resultaba casi un milagro encontrar un lugar disponible. Esta vez al bajarnos del carro vimos a un grupo de *jóvenes* de la tercera edad, igual que nosotros, conversando en los bancos situados a la entrada. Pude reconocer inmediatamente las caras familiares que a través de los años veía siempre a la misma hora discutiendo de pelota o de política, pero no en el parqueo, sino en la barra del comedor almorzando o haciendo la sobremesa.

"Está cerrado" uno de ellos me dijo. Regresamos al carro en silencio. En un instante comprendimos la amarga realidad: no era que había cerrado temporalmente por reparaciones o porque estuvieran de vacaciones. Larios había cerrado definitivamente. Nos detuvimos varios segundos observando a los amigos sentados en el banco y pudimos adivinar la amarga soledad que emanaba de sus rostros.

Como siempre nos sucede cuando encontramos la cuchilla que nos cercena un pedazo de vida, la memoria nos trajo otros lugares que nos arrebató la historia. Nos remontamos a Cuba atropellando los recuerdos: la casa, la escuela, el club, el parque... Todo lo que nos habían quitado. ¿Por qué ese empeño de destrozarnos el corazón? ¿Por qué romper los lazos dorados de la continuidad?

El cierre de Larios me tomó por sorpresa. No lo esperaba. Al menos cuando nos arrebataron el pedazo de club social que habíamos inventado en el cafecito adyacente al restaurante Casa Alberto en Sunset y la 87 Avenida (ahora convertido en el Café Catula) nos habían avisado con tiempo de su eminente demolición. Recuerdo que dos o tres veces al día me detenía a saludar y cambiar impresiones con los asiduos parroquianos. Sonia, una de las dependientes, tan pronto divisaba mi carro en el parqueo me preparaba el cortadito, como sabía que me gustaba, para que no tuviera que esperar. A instancias de Georgina Rodríguez, otra de las tertulianas, hasta nos habían proporcionados dos bancos para hacernos más placentera la tertulia. Cuando ya nos sentíamos como en la saleta de nuestra casa, nos llegó por la boca del dueño la noticia de la venta y desaparición del restaurante. No nos desanimamos. Decidimos prepararnos. Discutimos alternativas para seguir con nuestras charlas, pero no llegamos nunca a ponernos de acuerdo. Unos intentaron el Latin American de la 97 y Sunset sin mucho entusiasmo. Otros se negaron a improvisar. Las chicas que nos despachaban café, nuestras alegres confidentes, desaparecieron fugazmente. Todo se desintegró.

Es cierto, como dijo Neruda, que nosotros ya no somos «los de entonces» porque todo cambia. Hay que tirar la llave por la alcantarilla como hicieron los hermanos del cuento magistral de Julio Cortázar, *La Casa Tomada,* para seguir adelante sin mirar para atrás. Hay que saber canalizar esa carga espiritual de las ventanas y puertas que se cierran dentro de nosotros, para enfrentar los nuevos paisajes a lo largo del sendero con el sabor dulce del pasado gozado y vivido.

No sabemos, al menos no lo sé yo, lo que va a pasar ahora con lo que fue Larios. ¿Volverán los amigos de la barra a reunirse bajo un techo distinto? ¿Volverá la receta del pollo asado a formar parte de un nuevo menú? Posiblemente todo se disolverá como ocurrió con Casa Alberto. Me gustaría pensar, sin embargo, en un flamante restaurante acogedor, barato y de buena comida que supere con creces al anterior, y que venga otra generación de amigos a reunirse en la barra; que el menú los sorprenda con combinaciones mejores, que el parqueo no se inunde, pero que al menos separen un espacio en la pared para colgar aunque sea una foto, o una pequeña nota del grupo de amigos que se sentaba en la barra a discutir los juegos de Los Marlins, y ¿por qué no? de una pareja como nosotros, disfrutando del inigualable y misterioso pollo asado.

REUNIÓN DE BASQUETBOLISTAS CAMAGÜEYANOS

Dijo el poeta: *Nosotros los de entonces ya no somos los mismos...*

Uno a uno fuimos llegando con paso lento, como si lleváramos en la espalda una mochila de recuerdos. Nos unía el deporte entre otras muchas cosas, especialmente el baloncesto el cual ocupó en nuestra juventud un sitial prominente. Aprovechando la estadía en Miami de Mario Silverio y Cecilio Trelles, procedentes de Texas y Puerto Rico respectivamente, un miembro de aquel equipo de baloncesto del Tennis de Camagüey, Marianito Loret de Mola, se dedicó a coordinar un almuerzo con el claro objetivo de combatir la nostalgia. Lo logró.

Asistimos todos, o casi todos, inclusive nuestro coach de aquel entonces "Otto" Lavernia y un no-basquetbolista pero buen médico, el doctor Héctor Alvarez, por si acaso había que asistir de emergencia a algún corazón no preparado para estas cosas del sentimiento. Los nombres de Nelson Benedico, Jerry Stokes, "Botabola" Cruz, Jose Emilio Cueto, Luis Aguirre, Juan Luis Porro, Mariano Loret de Mola, Cecilio Trelles, Mario Silverio y Pancho Peláez, que se barajaron por mucho tiempo unidos al mejor basquetbol de

Camagüey, estaban todos reunidos en el restaurante Habana Vieja, sencillamente celebrando la vida.

¿Qué se dice en estos encuentros? El consabido "estás igualito" y un poco después, bajito, al compañero de al lado: "está acabado". Las anécdotas de siempre, las críticas de siempre y los elogios merecidos. Recordamos al que no le pasaba la bola a nadie, al que siempre se fajaba, al que jamás practicaba pero jugaba mejor que los que practicaban a diario, al que era muy alto, al único que hablaba inglés, al más inteligente, al más joven, al más tosco, al más simpático, al otro más alto, y a nuestro coach que tuvo el coraje de presidir otra vez una reunión del grupo que tanto dolor de cabeza le causó.

Las risas y los abrazos no impidieron las palabras serias que nos brindara Otto.

En un recuento emotivo se recordó a Ñico Hernandez, al Chino Fernández, a Plácido Agüero, Angel Calvo, Berta Roca, Lilo Torres, Cheo Torra, Miguel Arrizabálaga, y a Orestes Estenoz, sólo por mencionar a unos cuantos, y a las damas del Tennis que con su entusiasmo y dedicación hicieron posible que el baloncesto masculino brillara en nuestro club: Isabelita Garcerán, la presidenta, Haydée Leon, Catalina de Varona y Dolores María Rodríguez, viuda de Latorre.

Nos despedimos, jurando vernos otra vez y seguir por la vida encestando canastas de amistad eterna.

¿POR QUÉ SIGO A LOS MARLINS?

*Confesiones de un fanático del béisbol
a su esposa que no entiende el deporte*

Déjame explicarte con lujo de detalles para que comprendas bien por qué paso tanto tiempo mirando a Los Marlins por la televisión:

Cuando era pequeño soñaba, como casi todos mis amigos, con ser pelotero. Mi padre me llevaba al estadio "Guarina" a ver jugar al equipo local que se llamaba "El Cromo". Me imagino que se llamaba así por unas minas de cromo que existían por ese lugar, pero la verdad es que no me consta. Nos sentábamos en un palco muy cerca de los peloteros con los cuales mi padre conversaba como si fueran sus compañeros del Círculo de Profesionales, o como si él fuera otro de los pelotero. Recuerdo con cariño algunos de sus nombres: Chafa Oxamendi (el apellido siempre me intrigó y recuerdo que lo repetía mucho sin ningún motivo), "Lengüita" Fernández (pensaba que el apodo venía porque cuando no podía con el guante, atrapaba las pelotas con la lengua), Amado Ibáñez (no creo que bateara mucho pero lucía muy buena gente con ese nombre), "Pillo" Díaz (tenía que portarse mal en la casa), un tal "Jovita" (lo veía chiquito y jorobadito), Juan "Pataza" o Juan "Sun Sun" (siempre me acuerdo que papá le gritaba: "Juan Sun Sun, saca el perro a pasear"). El cátcher era un hombre bueno y tranquilo. Se llamaba Evelio Martínez y se me antojaba que tenía mucha paciencia porque, pese a usar careta, un peto y unas rodilleras durante todo el juego, nunca se quejaba. Los pitchers eran Eliecer Álvarez, Lino Donoso, Carmona, un zurdo llamado Waldo Estévez y... no, no me acuerdo de más nadie.

Mi padre me compraba todo lo que le pedía de comer como perros calientes, fritas, mariquitas, chicharrones de puerco, y siempre mi refresco preferido: el jugo de piña Pijuán, "piñita" como le decíamos cariñosamente.

El estadio quedaba por la carreta central rumbo a Oriente, cerca del cuartel Monteagudo y de la casa de mi amiga Ángela Mariana. Era muy pequeño pero acogedor y le parecía a uno que estaba en un parque de barrio donde todo el mundo se conocía.

No recuerdo exactamente qué edad tenía, pero estoy seguro de que era mucho antes de que me diera la fiebre del "Almendares". Me obsesioné con este equipo de pelota. Oía todos los juegos por radio y cuando perdía me echaba a llorar. Los amigos de mi padre me gastaban bromas y me mandaban telegramas dándome el pésame cuando perdía. Mi hermano me llevaba diez años (creo que todavía me los lleva) y yo trataba de imitarlo en todo y de copiar todos sus gustos (menos mal que no me enamoré de Queta, su mujer de hace ya más de cincuenta años). El hecho es que si mi hermano era fanático del Almendares, yo lo era, que si de los Dodgers, yo lo era también, que si jugaba baloncesto, yo quería jugar también, que si le gustaba el jazz, a mí también. Pero volvamos a la pelota. Cuando la manejadora me llevaba al Parque Agramonte a jugar con otros niños, mi diversión era tirarle una pelota por la cabeza al niño más cercano. Cuando crecí un poco y me dejaron ir solo al parque, jugábamos con pelotas de papel reforzadas con tiras de cartones de cigarros El Cuño o Competidora. En la escuela siempre se jugaba a la cancha antes de entrar a clase y en los recreos. También jugábamos a "tres *rolins* y un *flai*". Mi primer regalo fue una guantilla de primera base que me regaló Elpidio Agüero, el mejor amigo de mi padre, al cual le llamábamos "Tío Elpidio". Me compré un pomo de grasa de caballo en una talabartería y lo tuve alambrado con una pelota adentro por espacio de una semana. Cuando le quité el alambre parecía de seda. El traje más preciado que tenía en mi armario era un uniforme del Almendares con una "A" azul y un alacrán que metía miedo.

Me sabía todos los averages de los jugadores, coleccionaba las postales de los peloteros, les sabía los apodos: el Curveador Colmellas, el Guajiro Marrero, el Gigante Ortiz, Perico Trescientos, el Monstruo Lanier, Agapito el Triple Feo, el Tarzán Estalella, el Jiquí Moreno, el Príncipe Salazar, el Gamo Pagés, el Chino Hidalgo, Ametralladora Thomson, Televilla Skinner, y así pudiera seguir nombrando no sé cuantos más.

Era además fanático de los Havana Cubans y seguía sus juegos en la liga de la Florida. Jugábamos entonces contra equipos tan foráneos y lejanos como Miami, Tampa, Fort Lauderdale, Lakeland y St. Petersburg. El Pollo Rodríguez era mi pelotero favorito. Quizás sería por asociación con mi plato favorito del "arroz con pollo". Estando en Miami de vacaciones, a los siete años de edad, mi padre me llevó a verlos jugar en contra de Miami. La pizarra era eléctrica, cosa que nunca había visto y cada vez que nos daban un cero, salía una pata y nos dejaba caer un huevo en la casilla del correspondiente inning. Estábamos perdiendo y en el séptimo inning, el *lucky seven,* sacaron la pata, pero esta vez con sus paticos, y nos pusieron un huevo enorme. Me sentía muy triste y enojado por la burla, pero en el último inning nos fuimos arriba por un jonrón del Pollo Rodríguez y, en medio de los gritos míos y de mi padre, oímos la voz de un cubano que estaba sentado a poca distancia de nosotros que gritaba con todas sus fuerzas : "¡Saquen el pato ahora, cabrones!"

Otto Lavernia llevó el beisbol profesional a Camagüey con el nombre de "Puerto Príncipe". El equipo jugó contra selecciones de estrellas que traía Napoleón Reyes de La Habana y siempre hacía un buen papel para el deleite de la fanaticada, y por supuesto, entre ellos estaba yo que no me perdía ver jugar a Tragabalas Sánchez de receptor ni a Sosita en el siol.

Llegaron los "Cuban Sugar Kings" y con un pasito más por poco llegamos a las mayores, pero lo que sí llegó y para quedarse desgraciadamante fue el "Sociolismo" o la "Robolución" y se intervinieron los bates y se confiscaron las mascotas.

Llegaron nuevos nombres como "Los Industriales, los Azucareros", nuevos peloteros y nuevos fanáticos que hacían "fisminutos" antes de que se tocara el himno nacional y llamaban "compañeros" a todo el mundo porque los de antes empezaron a emigrar a otros estadios más sofisticados en el "revuelto y brutal".

Me fui a vivir a Columbus, Ohio, y ahí veía por T.V. a los Rojos de Cincinnatti, "the Big Red Machine," todos los días. Como no vivíamos en Cincinnatti, no podíamos ir a los juegos, pero yo los oía por radio todas las noches mientras calificaba los papeles de mis alumnos. Ah, se me olvidaba decirte que ya me había hecho hombre. ¡Cómo pasa el tiempo, caray! Pues bien, yo seguía con mi locura de beisbol. Entre los cubanos que merodeábamos por aquella zona, organizamos un equipo de "Soft-ball" y hasta practicábamos bajo la nieve. En aquel entonces tuve la inmensa satisfacción de que me nombraran *manager* del equipo *freshman* del colegio donde enseñaba. Me compré un libro de beisbol y me creí por un momento que era Bobby Bragan o Tom La Sorda.

Mis hijos nacieron y creo que el primer juguete que les compré fue una pelota de beisbol.

Pasamos mucho frío en Ohio y decidimos acercarnos más al trópico y como buen cubano, aterricé en Miami. Nos pasamos muchos años hablando solamente de Don Shula y la temporada perfecta hasta que nos aburrimos de pronunciar nombres americanos y nos trajeron a los adorados "Marlins". No lo podíamos creer. Orestes Destrade, Benito Santiagoooo, y de repente, Bonilla, Alex Fernández, Encarnación, Castillo, Cabrera, Ramírez, Estrada, Iván Rodríguez, "I love Miami Liván Hernández. Era una combinación del Cromo, el Almendares, Los Havana Cubans, Puerto Príncipe, y The Sugar Kings. Todos mis sueños se realizaron cuando ganamos la primera Serie Mundial. Éramos los mejores del mundo y yo estaba presente, junto con un grupo de amigos y sentados en la última fila del *center field* que había sido habilitado para traer más fanáticos y para que perdiéramos la vista por el esfuerzo que teníamos que hacer para poder ver la pelota. Cuando se producía una jugada en el jardín derecho, teníamos que imaginarnos lo que había sucedido por los gritos de la muchedumbre, ya que teníamos esa vista bloqueada, pero eso no fue inconveniente para que fuéramos testigos del acontecimiento más grande de la historia a finales de siglo. Al cabo de unos años de espera volvimos a ganar la serie mundial y nada menos que a los Yankees.

Quiero decirte de que aún sigo las estadísticas de mis jugadores favoritos y le discuto a los umpires desde mi sofá en la sala de mi casa, y de ningún modo me siento un mal marido ni desconsiderado contigo. Te digo todo esto para que comprendas el por qué me paso horas y horas siguiendo un juego de pelota por la tele. No es que no me guste conversar contigo ni mucho menos. Daría cualquier cosa porque los dos, agarrados de manos, pegáramos juntos gritos de alegría ante un batazo de Cabrerita, pero comprendo tu desmesurado amor por las películas románticas que ves en el televisor del cuarto cada vez que puedes.

Espero que después de haberte abierto el corazón con estas confesiones no me vuelvas a preguntar con cara sorprendida: "¿Otra vez los Marlins? ¡No lo puedo creer!" y en cambio me desees cariñosamente que Dontrell Willis no dé más base por bolas, que Cabrera no se ponche, o que Hanley no cometa más errores, y que con una sonrisa amorosa entres en el cuarto, cierres la puerta y bajes el volumen de tu televisor…

REFLEXIONES

Aviso en un restaurante de Cartagena de Indias.

TIEMPOS MODERNOS

Lo admito. No puedo funcionar sin mi teléfono inteligente. No crean por un instante que soy un experto en electrónica, apenas me asomo a esta revolución en las comunicaciones. Para darles un ejemplo, hace poco decidí ir a la tienda de AT&T porque mis hijos se quejaban de que no contestaba el teléfono. Mi primera reacción fue echarle la culpa al celular. "Está defectuoso", les dije. No estaba seguro, tenía la duda de que fuera mi sordera incipiente, (en inglés suena más bonito: *hearing impairment*), pero me negué a esa posibilidad. También, mi hijo Yayi se mortificaba porque no le contestaba sus *text messages*. Le respondí que no recibía ningún mensaje suyo. "Tiene que ser que has apretado algo indebido," me contestaba. Me echaba a reír ante semejante tontería.

Pues bien, una vez en la tienda, me atendió un dependiente joven que apenas me dejó explicarle. Tan pronto le dije que mi teléfono no recibía llamadas, me lo pidió, lo miró y me lo devolvió con una sonrisa helada diciéndome: "Lo tiene puesto en *Do not disturb*... ya se lo quité". No sé quién pudo hacerlo. A lo mejor fue el mismo duende que constantemente me esconde los espejuelos y las llaves, o a lo mejor otro duende amigo que lo está ayudando.

Tragué en seco. Me armé de valor y le mencioné con timidez la queja de mi hijo. Sin inmutarse apretó un botón misterioso y volvió a la carga: "Su hijo aparece bloqueado... Ya lo arreglé". Me sentí tan humillado que no encontré mejor respuesta que decirle: "Pensaba comprarme el último modelo del iPhone, pero ya no me hace falta. Lo siento".

Todo es relativo. Para mi hermana que sigue aferrada a la tecnología analógica, yo caigo mal cada vez que trato de enseñarle algo tan simple y maravilloso como oír música por Pandora. (Por supuesto que esta aplicación me la bajaron mis hijos.)

Recuerdo que años atrás, al comenzar a trabajar con Abbott, existía un sistema muy simple de comunicarnos con el jefe. Teníamos que hacer una llamada desde un teléfono público todos los viernes para informarle de nuestras ventas. Teníamos un número 800 al cual debíamos llamar todos los días para recibir información general y por último escribir a mano un reporte semanal de nuestras ventas. Nada más. De repente un día recibimos una notificación donde nos preguntaban si sabíamos de ordenadores (computadoras). Todo cambió drásticamente en unos meses. Habíamos entrado abruptamente en la época digital. En una mañana nos explicaron las funciones de un ordenador de bolsillo que eliminaba la llamada al jefe y los reportes manuales. Apareció un celular donde el jefe se podía comunicar con uno en cualquier momento y hasta detectar el lugar de donde estabas hablando por medio de la magia del Global Positioning System (GPS). Nos horrorizamos. No nos habíamos familiarizado todavía con estas cosas cuando nos encasquetaron el ordenador de mesa y ahí mismo fue cuando ardió Troya. No era raro trabajar 6 horas en la calle y pasarnos 6 horas más enfrascados en descifrar el laberinto que traía consigo.

Sigilosamente nos fue ganando la batalla. Mi otrora flamante procesador de palabras pasó a un lugar obscuro en el garaje de mi casa y fue reemplazado por esta maravilla. Me volví adicto a escribir, borrar, cambiar, substituir, mover párrafos, guardarlos, y tantas otras cosas más que nos ayudaban. Descubrí a Google y me puso el mundo al alcance de un click, y para mi gran sorpresa, cuando ya no podía creer que habría más nada, apareció el teléfono inteligente. Podía usarlo como cámara, reloj, despertador, almanaque, calculadora, chequear el estado del tiempo, la bolsa de valores, y las últimas noticias, oír música, enviar mensajes, hacerme recordatorios, escribir notas, jugar al solitario, usarlo como brújula y como mapa; y por supuesto buscar cualquier información en Google y ver mi correo electrónico en AOL y lo más importante: no tenía que estar en mi oficina. El teléfono, como el peine cuando era joven, lo llevaba en el bolsillo para todas partes, incluso me servía hasta para comprar un pasaje en una aerolínea, guardarlo en la pantalla para luego mostrarlo como prueba de compra.

Pero no todo es color de rosa. Las reuniones de familia comenzaron a complicarse. Nuestros hijos interrumpían cualquier conversación para chequear el Facebook o contestar un Twitter. Nuestros nietos dejaban de jugar en el patio para concentrarse en sus iPads. ¿Qué nos está pasando? Pensé en mi hermano cuando por motivo del trabajo le instalaron un ordenador en su oficina: "Me han entrado al enemigo en la casa", me dijo triste. Era cierto, una vez que entran, van ocupando espacios de nuestras vidas hasta que lo llenan todo.

Hace poco, caminando por una calle de Cartagena de Indias, me detuve un instante ante un cartel puesto a la entrada de un restaurante que con fina ironía originó el tema de esta crónica: "No tenemos WiFi, conversen entre ustedes".

Hay que establecer un plan. No podemos regresar a nuestro añorado siglo XX, pero tampoco repudiar al futuro. El contacto directo con nuestros amigos, las conversaciones inteligentes, el café con leche o el almuerzo compartido con nuestra familia no se pueden perder. Un atardecer en el campo o en la playa estimula la mente mucho más que el WiFi dentro de un cuarto. No hay que dejarse atrapar por la tecnología, sino invitarla con cortesía y despedirla oportunamente para que no nos dañe el corazón.

LA NOSTALGIA DE LAS NOSTALGIAS

La otra tarde, con la complicidad de un crepúsculo esplendoroso y una buena copa de cabernet, me comentaba un amigo mirándome con tristeza sobre lo lejos que estaba Camagüey en el tiempo y en la memoria. Me decía: "A veces pienso que cuando trato de recordar cualquier suceso de mi niñez o de mi juventud, lo que estoy recordando es la última vez que lo recordé". Le contesté que era natural, que eso nos pasaba a todos por haber estado leyendo sobre Cuba durante más de cincuenta años, y bromeando agregué que le pasaba igual que en la canción que estuvo de moda hace un tiempo: "Se me olvidó que te olvidé". No le hizo gracia mi comentario y la tristeza de su cara casi se le tornó en amargura. Traté entonces de desviar el tema y dirigí la conversación hacia los nietos, que son su delirio, y casi de inmediato una sonrisa le cubrió el rostro.

Mi amigo tenía razón. Recordamos aquello que nuestra memoria decide filtrar y a fuerza de repetirlo en nuestro monólogo interior, toma su puesto, aunque bastante zarandeado por no haberlo escrito en un diario o en una carta a un amigo. Si pudiéramos recordarlo todo seríamos como el personaje de Borges en su cuento "Funes el Memorioso". Ireneo Funes lo recordaba todo y cuando intentó escribir la historia de su vida, pensó que le tomaría para escribirla, el mismo tiempo que para vivirla. Nosotros los normales tenemos la bendición de la mala memoria que nos permite vivir y nos ayuda a no haber visto lo que hemos visto ni haber oído lo que hemos oído.

Hay otra nostalgia que la tenemos más cercana y por lo tanto menos difusa que la primera: la de los inicios del exilio. Los que llegaron a Miami y se quedaron en esta ciudad, salvo quizás una ausencia corta, tienden a recordar un *downtown* mucho más pequeño y acogedor, una *Calle Ocho* que prácticamente terminaba en *Douglas Road*, la bolera en la misma avenida, la música de Chirino, el grupo Clouds, Los Sobrinos del Juez, el Miami Sound Machine, el primer carro de uso que compraron, el trabajo en la factoría, en una tienda o en un hospital. Los que emigraron a otros estados en el norte y ahora viven en Miami, recuerdan con nostalgia la primera nevada, el vecino americano, el buen samaritano que tanto nos ayudó, la parada del 4 de Julio, la cena de *Thanksgiving*, las blancas Navidades y, sobre todo, la obsesión con visitar Miami a la primera oportunidad para disfrutar del café en la esquina, visitar el restaurante cubano, la playa del "Tuvo", y recordar en comunión con los amigos los años felices, nutriéndose de todo el combustible espiritual necesario para regresar a lo que algunos llamaban "el exilio dentro del exilio", que no era otra cosa que vivir fuera de Miami.

Existe también la nostalgia de la nostalgia. Esta modalidad está reservada para aquellos que después de cruzar fugazmente por la tristeza melancólica de una patria perdida, ingresaron de lleno en el aclamado *melting pot*, se casaron con anglosajones, se fueron a vivir a comunidades netamente americanas, se hicieron llamar por un primer nombre americanizado, engavetaron el español, y al cabo de los años se miraron un día en el espejo y descubrieron que no eran genuinos. Sintieron por primera vez el aguijón en el pecho de la seña de identidad, de las raíces ignoradas por mucho tiempo, y experimentaron la pesadumbre de no saber quiénes eran, de no sentirse completos. Buscaron en la memoria y no pudieron salir de los años dedicados a crecer profesionalmente, a sus hijos, a su comunidad. Sintieron el cuchillo de la nostalgia de los abuelos, del parque, de la escuela, de la primera novia, y se imaginaron jóvenes, hablando español, viviendo a plenitud el destierro que trataba de recuperar la cultura perdida mimetizando cuanto estuviera a su alcance. Esa es la nostalgia de la nostalgia. El resentimiento de haber perdido la cubanía, de no haber mantenido el cordón umbilical del desterrado. Esta doble nostalgia es aplastante. Mejor hubiera sido haberse visto en el espejo sin notar diferencia alguna. Haber permanecido como un ciudadano real, verídico, puro, americano, o hasta ciudadano del mundo, y que la mala memoria se hubiera encargado de borrarlo todo.

Este año, si vamos al Tamiami Park a disfrutar del evento "Nostalgia", quizás deberíamos preguntar si tienen en exhibición alguna sección con las diferentes nostalgias del exiliado, y si están ofreciendo algún bálsamo de comprensión para los que se integraron al *melting pot*.

¿DÓNDE ESTÁ LA PATRIA?

A raíz del desembarco de Playa Girón, todos los clubs sociales en Camagüey fueron intervenidos por la revolución. No por eso dejamos los amigos de reunirnos. Nos veíamos por las tardes en La Cubana o en el Gran Hotel y en lugar de irnos a bailar a nuestro club, lo hacíamos en el Aéreo Club. Habíamos perdido el edificio, pero no la institución: ésta nos la habíamos llevado con nosotros del mismo modo que más tarde, cuando salimos del país, nos llevamos a Camagüey para Miami, y los veraneos de San Jacinto, La Boca y Santa Lucía a las playas de Singer Island.

Este no fue el caso de los que se relocalizaron en otros estados y sintieron el aguijón de la nostalgia que no era otra cosa que el producto de la soledad al desconectarse física y emocionalmente con el entorno social al cual habían pertenecido.

Estaba pensando en estas cosas cuando terminé la lectura de la novela *La Ignorancia* del escritor checo Milán Kundera con motivo de haber sido invitado a un *book club* de un grupo de amigas, todas ellas muy inteligentes y muy preocupadas por la realidad de nuestra patria, en el cual se iba a discutir este libro.

En su novela, Kundera estudia el tema del dolor que produce la añoranza de haber perdido la patria con la consecuente falta de contacto del quehacer diario de la nación y señala a éste "no saber" —la ignorancia— como el verdadero culpable de la pena que sentimos. Esa ignorancia se agiganta cuando aceptamos que la vida debe continuar sin mirar atrás y estudiamos, formamos familia, nos envolvemos en nuestro trabajo, cultivamos nuestras amistades, enterramos a nuestros padres e iniciamos los trámites de separar nuestro espacio en el mismo cementerio donde los dejamos a ellos.

Esta reflexión del escritor checo la matiza en la novela con la relación de dos personajes que abandonaron Checoeslovaquia después de la Primavera de Praga, cuando los tanques rusos insolentes y amenazadores recorrieron las calles de la ciudad, y que al cabo de veinte años de exilio regresan a Praga aprovechando el triunfo de la revolución de terciopelo que dio al fin con el dominio del comunismo. Kundera llega a la conclusión de que los veinte años transcurridos han pasado la escoba a su vida anterior y les niega la posibilidad de asentarse de nuevo en lo que fue su patria. Esos veinte años han pesado tanto en sus vidas que tendrían que quemar todas esas nuevas vivencias adquiridas en el país extranjero dentro una hoguera para poder pertenecer a la tierra que añoraron.

Sé que el lector me diría inmediatamente: "Ese no es mi caso", y tiene toda la razón. Aunque en lugar de veinte años, los que nos marchamos siendo jóvenes en los primeros años de la revolución, hemos visto pasar más de cincuenta años, lo que casi triplica el período de la barrida de la escoba, hemos sabido luchar en contra de la ignorancia. Quizás los que se alejaron de las comunidades cubanas y se integraron plenamente a la cultura americana sí tendrían que buscar la leña de la hoguera, pero no así con la mayoría de nosotros que elegimos no separarnos de nuestra comunidad.

Miami es el centro de nuestra cultura. Es aquí donde Cuba es libre, donde nos informamos plenamente de lo que sucede en nuestra patria a través de los periódicos, revistas, la radio, la televisión, la internet; es aquí donde conversamos diariamente con los amigos y conocemos de Cuba mucho más que el propio cubano que vive allá.

Si se entiende el concepto de "Patria" por la tierra donde nacimos o la que hemos adoptado y a la cual nos sentimos ligados por vínculos culturales e históricos, no cabe la menor duda de que nuestra patria está en Cuba y también aquí. Nuestra generación lleva más tiempo en el exilio que en Cuba. El país adoptado nos ha visto crecer, desarrollarnos y establecer esos vínculos culturales e históricos. Igual que se quiere a la madre igual que al padre, a los distintos hermanos, inclusive hasta a dos diferentes novias, nuestro corazón y nuestra mente puede sentirse dividida o configurada por estos dos grandes amores.

Tenemos lo mejor y lo peor de las dos culturas. Sabemos movernos en ambas y seleccionar la que nos convenga. Podríamos perfectamente vivir en Cuba con nuestros valores americanos o seguir viviendo en Miami con nuestros valores cubanos. El cubanoamericano no es una extracción mental, es algo tangible, existente, palpable, que tiene una patria que no existe en el mapa, pero que se encuentra en las calles de este Miami. Ya lo dijo Yoani Sánchez en su reciente visita a esta ciudad: "Me siento como en Cuba, pero libre. Esto es como en Cuba, pero con democracia", a lo que ojalá pudiéramos añadir en un futuro cercano dentro de Cuba: "Esto ya se parece a los Estados Unidos pero con nuestras palmas".

EPÍLOGO:
ESA PATRIA, ESE HIMNO

Casi al cerrar el libro de los setenta años, a un paso de convertirnos en octogenarios, la mirada cansada se torna a esa nostalgia que siempre nos espera con los brazos abiertos. Se regresa en silencio a los recuerdos donde fuimos felices. La mala memoria se encarga de borrar las funestas experiencias, esas que pudieron habernos llevado a las relaciones fallidas, a la sala del psiquiatra, a las drogas o al precipicio. Esas están felizmente sepultadas. No hace falta revivirlas.

¿Cuántas veces mirábamos hacia el futuro? ¿Cuántas veces nos construimos para luego demolernos y moldearnos a nuevas trabas encontradas en el camino? En esta aurora de los ochenta volteamos la frente tratando de escrudiñar ese sendero por donde hemos llegado casi al final de la jornada. Las preguntas nos asaltan, ¿Qué ha sido de la patria? ¿Quiénes realmente somos? ¿Dónde están las señas de identidad? Pensábamos que lo sabíamos. Nos equivocamos. No están en los libros de historia. Las dejamos tiradas en la familia, en el barrio, la casa, los amigos, la iglesia, el colegio, el primer amor y ¿por qué no? en el primer desengaño. Ahí se esconde la verdadera patria por la cual se debe de luchar y defender hasta el último de los recuerdos. El día en que nos la arrebate este quehacer diario, o el silencioso Alzheimer, en ese mismo momento habrá comenzado el exilio de nuestra alma.

Morir por un coffee cake de la panadería Roxie en la calle Independencia, saludar a Vicente Cal en la vidriera del Parque Bar, o hacerle un mandado de emergencia en La Balanza a nuestra madre bien vale la sangre derramada. Darle dos vueltas en patines Unión 5 al Parque Agramonte, jugar a los pasos gigantes y pasos enanos en la escalinata de la estatua del Bayardo, comprar el último disco de 78 revoluciones del Conjunto Casino en la Casa Cabana, y oir las campanadas de la Catedral llamando a misa o saludando el pase de un entierro es, sin duda, el "morir por la patria es vivir".

El sonido que escuchamos del clarín se confunde con los arpegios del alma que nos hacen correr adonde nos declaramos por primera vez, al beso furtivo del primer encuentro, a la primera corbata que nos pusimos en la camisa azul de los Maristas.

Vivir en "afrenta y oprobio sumidos" es no abrirse el pecho buscando a ese niño que llora en la foto gris de familia, que mira serio a la cámara para la foto del anuario escolar, al adolescente sonriente de las fotos del bachillerato.

La verdadera patria, el verdadero himno, están vestidos de alegría, de paz, de amor, pero acurrucados en un lugar profundo, enredados en las horas perdidas, en silencio… Búscalos, ahí te esperan.

Made in the USA
Columbia, SC
24 August 2017